심리학자가 투자 실패로 한강 가기 직전 깨달은
손실로부터의 자유

심리학자가 투자 실패로
한강 가기 직전 깨달은
손실로부터의 자유

당신을 일상으로 이어줄 손실의 심리학

김형준 지음

드림셀러

경제적
상실감으로
힘겨워하는
이들에게

요즘은 둘만 모여도 부동산, 주식, 가상 화폐 이야기가 시작된다.

"○○는 작년에 산 집이 1년 사이에 3억이나 올랐다네."

"○○는 주식으로 5억을 벌었다더라."

"○○는 비트코인으로 한 달 만에 1억을 벌었대."

이런 이야기를 들으면, 승진이나 월급과 같은 개인적 성취를 통해 얻게 되는 보상은 시시한 일이나 별일 아닌 것처럼 느껴지는 것이 사실이다. 얼마 전까지 '소확행'을 외치던 이들은 더 이상 온데간데없고, 모두 한방을 노리며 '가즈아'를 외치고 있다. 누군가는 수백 억 원의 수익을 내고 경제적 자유를 얻었더라는 풍문. 주변인들 역시 주식과 코인 투자로 엄청난 수익을 냈다는 소식을 접할 때마다 우리 마음속의 빈곤의 크기는 커져간다.

물론 특별히 부동산, 주식, 코인 투자에 관심 없이 주어진 삶에 만족하며 행복하게 살아가는 사람도 많다. 그런데 이들 역시 주변인들이 투자에 성공했다는 소식을 접하게 되면, '나는 그동안 뭐 했나' 하는 마음에 오히려 자신을 한심하게 생각하게 된다. 이러한 경제적 상실감은 열등감, 자책감으로 번져, 결국 삶을 우울로 흐르게 한다.

나는 가난하지 않다. 하지만 언젠가부터 나는 심리적 빈곤에 허덕이고 있었다. 그리고 가만히 있다가는 벼락거지가 될지도 모른다는 불안과 남들도 하니 나도 할 수 있을 거라는 막연한 기대감으로 투자에 나섰다. 하지만 막상 투자를 해보니 돈을 벌기란 쉽지 않은 일이었고, 결국 나는 투자에 실패했다.

투자 실패로 인한 상처는 생각보다 깊었고 견디기 힘들었다. 나는 단지 돈을 잃었을 뿐인데, 내 삶이 사라지는 듯한 두려움에 사로잡혔다. 그리고 투자 실패로 힘들어하다 한강에 뛰어들었다는

이들의 심정을 이해할 수 있을 것 같았다. 나는 자살예방교육전문
가로서 자살예방교육 프로그램 개발과 교육을 통해 경제적 손실
이 자살의 위험요인이라고 수없이 떠들었었다. 하지만 투자 실패
로 손실을 경험한 이들이 왜 죽음까지 생각하게 되는지 깊이 있게
이해하지 못했던 것 같다.

잃고 싶은 사람은 없다. 하지만 누군가 수익을 내면 누군가는 잃어
야 한다. 이것은 우리 모두 알고 있지만, 외면하고 싶은 냉혹한 현
실이다. 그리고 투자 실패는 단순히 돈을 잃는 것으로 끝나지 않는
다. 손실의 늪에 빠져, 감정을 잃으면 그때부터 진짜 손실이 시작된
다. 사람들은 돈을 잃으면 그로 인한 마음의 상처로 감정을 잃고,
가족을 잃고, 심지어 목숨을 잃기도 한다.

　손실은 하나의 사건이 아니라 과정이다. 우리는 소중한 것을 잃

어버릴지도 모른다는 불안과 불확실했던 손실이 점점 분명한 현실로 다가오면서 공포를 느끼게 된다. 그리고 나의 통제를 벗어나 돌이킬 수 없는 손실이 현실이 되었을 때 느끼는 분노, 투자 실패에 대한 수치심과 나로 인해 상심한 이들에 대한 죄책감의 나날을 지나 슬픔에 닿게 된다.

어떤 이들은 상실이라는 험난한 감정의 급류에 휩쓸려 '한강 가즈아'를 외치기도 한다. 우리는 알고 있다. 그들이 죽음을 생각하는 이유는 돈을 잃어서가 아니라 마음을 잃고, 희망마저 잃어버렸기 때문이라는 사실을. 나는 나처럼 어쩌다 손실을 경험하게 된 이들이 힘겨운 손실의 과정을 조금이나마 수월하게 지날 수 있길 바라는 마음으로 이 책을 썼다.

사실 다들 말은 안 해도 손실을 안고 살아간다. 누구든지 크고 작은 손실을 경험한 적이 있다. 다만 굳이 말하지 않을 뿐. 손실의 보편성은 내가 힘든 마음을 주변인들과 나누면서 알게 된 의외의 사실이다. 원치 않는 손실을 경험했을 때 우리가 해야 하는 일은 그것을 만회하기 위해 발버둥 치는 것이 아니다. 내 삶에서 결코 잃어서는 안되는 진정 소중한 것이 무엇인지, 내가 원하는 삶이 무엇인지 발견하는 것이다. 그것을 찾는다면 만회할 수 있는 방법은 얼마든지 있다.

부디 손실의 강을 무사히 건너 삶의 다른 단면에 닿길 바란다. 나의 경험과 이야기가 당신에게 조금이나마 보탬이 되고 힘이 되었으면 하는 바람이다.

존경하는 신영철 소장님과 강북삼성병원 기업정신건강연구소 동료들에게 지면으로나마 감사의 마음을 전한다. 그리고 힘겨운 순간을 지날 때 묵묵히 나의 이야기를 들어주고 위로의 말을 건낸 인철, 병욱 두 친구에게 고맙다는 말을 전하고 싶다. 특히 인철이는 빨리 건강이 회복되길 간절히 빌어본다. 바쁘신 와중에도 추천사를 써주신 전홍진 교수님, 하지현 교수님, 전성규 수석님과 책이 출간될 수 있도록 도움을 주신 신수경 대표님께도 감사를 드린다.

마지막으로 언제나 나를 믿고 응원해주는 가족들, 나의 손실을 묵묵히 견뎌준 아내와 사랑하는 딸에게 미안함과 감사의 마음을 전한다.

2022년 2월
손실을 정리하며

차 례

5장 로 리스크 하이 리턴, 행투하라

1장

어
쩌
다

손
실

나는
그렇게
코인 판에
섰다

'어쩌다 이렇게 되었을까? 감당하기 힘든 지독한 패배감과 상실이 어쩌다 찾아온 것일까?'

반 토막이 났다. 투자금의 절반이 날아가는 모습을 보면서, 이러다 전부 잃을지도 모른다는 생각에 겁이 났다. 나는 공포에 질려 한순간에 투자했던 모든 것을 팔아버렸다. 그렇게 하면 그 공포에서 벗어날 수 있을 줄 알았다. 하지만 나를 기다리고 있는 것은 모든 것을 잃을지도 모른다는 공포보다 더한 상실감이었다.

내 삶을 송두리째 뒤흔든 손실이라는 악몽은 예고도 없이 찾아왔다. 마음의 상처는 예상보다 깊었고 견디기 힘들었다. 나는 고통에서 벗어나기 위해 그것이 어디에서 왔는지 알아야 했다. 하지만 도대체 어디서부터 잘못되었는지 수없이 기억을 더듬었는데도 만족할 만한 답을 찾지 못했다. 지금 돌이켜보니 답을 찾지 못한 이유는 억울했기 때문이었다. 그래서 어떤 이유를 대더라도 인정하고 싶지 않았다. 단지 사람들이 모여 있는 곳에 갔더니 맛있어 보이는 과일이 놓여 있었고, 다들 먹고 있기에 나도 하나 먹어봐야지 하고 손을 내밀었을 뿐이다. 그러다 주인 없는 과일을 탐한 죄로 경찰서에 끌려가 감옥에 갇힌 것 같았다. 입이라도 대봤으면 억울하지도 않지. 그리고 이게 감옥에 갇힐 정도의 중죄인가라는 생각에 억울함이 나를 가득 채웠다. 그때는 억울함을 호소하고, 내가 받은 처벌이 합당한지를 따져야 했다. 아니, 그것밖에 할 수 있는 게 없었다.

그렇게 한동안 절망 속을 걷다가 불현듯 '어쩌다'라는 단어가 떠올랐다. 학창 시절, 선생님들이 문제 풀이 시간에 했던 말씀처럼 질문 속에 답이 있었다. 나는 '어쩌다' 보니 코인 판에 뛰어들었고, '어쩌다' 보니 손실을 경험한 것이다. 무심한 우연들이 겹치고 겹쳐 필연적인 결과로 이어지는 것이 인생인 것처럼 그렇게 손실이 찾아왔다.

'코인'을 처음 알게 된 것은 2017년이었다. 그때 비트코인은 지금처럼 전국을 강타했다. 비트코인이 아무런 가치도 없는 버블에 지나지 않다고 주장하는 사람들과 기존 금융 시스템의 대안이 될 수 있는 무한한 가능성을 가지고 있다고 주장하는 사람들이 첨예하게 맞서고 있었다. 비트코인의 가치를 인정하지 않는 쪽에서는 17세기 네덜란드에서 벌어진 과열 투기 현상인 튤립 파동을 예로 들며, 버블이 꺼지는 순간 많은 이들이 감당할 수 없는 피해를 볼 수 있다고 경고했다. 반대편에서는 2008년 글로벌 금융 위기는 중앙집권화된 금융 시스템과 부패한 이해 당사자들 때문이라고 주장하며, 그 대안이 암호 화폐가 될 수 있다고 주장했다.

나는 그 시기에 '뱅킹 온 비트코인Banking on Bitcoin'이라는 다큐멘터리를 보게 되었는데, 비트코인을 만든 '사토시 나가모토'라는 베일에 감춰진 인물과 그 주변 사람들 그리고 비트코인에 적용된 암호 기술에 대한 이야기가 흥미롭게 그려졌다. 하지만 당시 비트코인은 암호 화폐의 가치를 인정하는 소수의 사람들 사이에서만 거래될 뿐이었다. 나는 교환가치가 없는 화폐는 화폐가 아니라고 나름대로 결론을 내렸고, 그렇게 비트코인은 관심에서 멀어져갔다. 간혹 코인으로 돈을 벌었다는 이야기를 들어도 그저 돈을 벌 수 있는 여러 가지 수단 중 하나일 뿐이라고 생각했다.

하지만 불과 몇 년 사이, 세상은 완전히 바뀌고 있었다. 거침없는 부동산 가격 상승으로 많은 사람이 돈을 벌었다. 수십 차례의 부동산 규제에도 사람들은 부동산 투자에 열을 올리며 자산을 늘려갔다. 사람들은 모이면 너나 할 것 없이 부동산에 대한 이야기를 꺼냈다. 이번에 누가 어디에 집을 샀다더라, 누구는 몇 년 동안 부동산 투자로 얼마를 벌었다는 이야기가 주를 이루었다. 주변 사람들이 부동산 투자로 큰돈을 벌었다는 이야기를 들은 사람들은 자신도 영혼까지 끌어모아 투자를 했어야 한다는 후회와 아쉬움을 토로했다. 그리고 부동산 투자만이 녹록지 않은 현실에서 자신을 구원할 수 있는 유일한 수단이라고 생각하게 되었다. 부동산 관련 서적은 불티나게 팔렸다. 사람들은 부동산으로 돈 좀 벌었다는 자칭 전문가들의 책을 읽으며 투자를 준비했다. 그렇게 한두 번의 투자로 수익을 낸 이들은 자신의 수익을 은근슬쩍 자랑하며, 그간 쌓은 지식과 경험을 바탕으로 주변인에게 매물을 추천하고, 매수를 권유했다. 같은 직장에 다니며 비슷한 연봉을 받고 있어도 부동산 투자 유무에 따라 자산 규모는 상상을 초월할 정도로 차이가 났다. 겉으로는 비슷한 삶을 살고 있는 것처럼 보이지만 실상은 그렇지 않았다. 기존 방식대로 착실하게만 살다가는 어느새 남들보다 뒤처질지 모른다는 위기의식이 사람들에게 스며들었다.

나 역시 예외는 아니었다. 결혼 후 착실히 돈을 모아 아이의 출산과 함께 내 집 마련의 꿈을 이뤘지만, 몇 년 사이 주변 신축 아파트는 수억 원씩 오르는 동안 우리 집 시세는 제자리였다. 사람들은 나처럼 현재에 만족하며 안주하는 사람을 가리켜 현실의 변화에 쫓아가지 못하는 바보라고 했다. 어느 날, 운전하면서 묘한 기분이 들었다. 나는 제한속도를 지키고 있는데, 거의 모든 차량들이 나를 추월해 멀어져갔다. 분명 나도 앞으로 가고 있는데, 열심히 산다고 살고 있는데 뒤처지는 듯한 불쾌한 기분. 그리고 제한속도를 지키는 나를 보고 '바보'같이 운전한다고 말하는 듯한 보이지 않는 시선. 나는 조급한 마음에 더 이상 제한속도를 지키지 않고 액셀을 밟았다.

또다시 비트코인에 대한 뉴스가 들려왔다. 여러 매체는 2017년처럼 비트코인 광풍이 불고 있으며, 연일 신고가를 갱신하고 있다며 떠들어댔다. 어떤 기업이 비트코인으로 수십 조 원을 벌었다는 이야기부터 개인 투자자들 역시 수십 억 원의 수익을 올렸다는 이야기가 심심치 않게 들려왔다. 이제 비트코인은 그 가치를 인정하는 몇몇 개인만 거래하는 반쪽짜리 화폐가 아니라, 기업과 기관까지 투자하는 자산이 되었다는 것이다. 시간이 조금 더 지나자 주변에서 코인에 투자했다는 사람들이 생겨났다. 더 이상 남의 얘기라고 넘겨버리기에 코인은 너무 가까이 와 있었다.

투자 전문가들은 요즘 같은 저금리 시대에 은행에 돈을 맡겨놓는 것만큼 어리석은 짓도 없으며, 어떤 것이 되었든 투자를 해야한다고 했다. 물가는 나날이 오르지만 예금 금리는 2퍼센트가 채

되지 않는 상황이니 그들 말처럼 투자를 마다할 이유를 찾기 힘들었다. 그리고 주변 사람들이 코인 투자로 수익을 내고 있다는 얘기를 듣다 보니 나만 뒤처질 수 없다는 조바심이 생겨났다.

사람들은 누구나 '벼락부자'가 되고 싶은 소망을 안고 살아간다. 퇴근길 복권 가게에 들러 가능성이 희박한 복권을 사는 것 역시 한 방에 대한 소망과 기대 때문이다. 또한 객관적 확률은 매우 낮음에도 복권을 산 순간부터 당첨금을 타면 어떻게 사용할지 계획을 세우는 것이 인간이다. 하물며 주변에서 코인에 투자해 수십 배, 수백 배의 수익을 올렸다고 하니 관심이 갈 수밖에 없었다. 나 역시 그들처럼 수익을 올릴 수 있을지도 모른다는 막연한 기대를 품었다. 이번 기회에 그렇게 꿈꾸던 부자가 될 수 있을 거라는 순수한 욕망이 위험천만한 모험으로 나를 이끌었다. 손 놓고 있으면 한순간 벼락거지가 된다고, 멍청하게 가만히 있지 말라는 사회적 분위기와 부추김에 떠밀려 나는 그렇게 코인 판에 섰다.

드디어
투자를
시작하다

나는 기본적으로 코인의 가치를 인정하지 않았다. 아직 일상 생활에서 통용되지 않는 데다 가치를 판단할 수 있는 잣대도 없기 때문이다. 그저 수요와 공급에 따라 가격이 결정되며, 변동 폭이 너무 커서 하루에도 수십 퍼센트씩 오르락내리락한다. 그리고 시세 창에 줄지어 있는 코인들 중 도대체 어떤 것을 사야 할지 가늠할 수도 없었다. 그럼에도 많은 사람들이 투자를 하고 있으며, 기업과 기관 투자자까지 비트코인을 자산으로 매입했다는 소식이 들려왔다. 게다가 정부는 곧 가상 화폐에 대한 소득세를 징수하겠다고 발표했다. 나는 드디어 가상 화폐가 제도권 내에 들어왔으며 투자할 만한 가치가 있다고 판단했다.

이왕 투자를 결심했으니 수익을 내보겠다고 마음먹었다. 처음에는 조심스러웠다. 생전 처음 보는 미지의 생물을 관찰하듯, 몇 주 동안 시세 창을 보며 가격 변동과 종목을 관찰했다. 이 미지의 생물은 악명이 자자했으며, 수많은 사람에게 믿지 못할 정도의 수익률과 손실률을 동시에 선사하는 무시무시한 존재였다. 하지만 투자를 결심하고 나니 이런 극악의 리스크마저 매력적으로 보였다. '하이 리스크 하이 리턴'이라고 하지 않던가, 리스크 관리만 잘하면 고수익을 올릴 수 있다고 확신했다. 하긴 처음부터 돈을 잃을지 모른다는 생각으로 뛰어드는 사람은 없을 것이다. 사람들은 많은 이들이 돈을 잃고 힘들어하는 모습을 보면서도 자신은 예외일 거라 확신한다.

드디어 소액으로 투자를 시작했다. 주식도 해본 적 없는 코린이가 처음부터 큰돈을 걸 수는 없었다. 처음에 샀던 코인은 이더리움이었다. 그런데 이게 웬걸, 매수 버튼을 누르는 순간부터 가격이 떨어지는 믿지 못할 일이 벌어졌다. 나는 손해를 볼지 모른다는 생각에 덜컥 겁이 났다. 왠지 모를 불안감에 시세 창에서 눈을 뗄 수 없었다. 그리고 시세가 몇 프로 떨어지자 버티지 못하고 매도 버튼을 눌렀다. 하지만 채 몇 시간도 지나지 않아 원금 수준을 넘어 가격이 오르는 것을 보고 배포가 작은 자신을 질책했다. 이후로도 몇 번씩 그런 경험을 하고 나니 내가 사면 떨어지고, 팔면 오르는 것처럼 느껴졌다.

초보 투자자가 보이는 대표적인 인지 오류 중 하나가 '개인화 personalization'다. 사실 특정 종목의 가격 변동은 내가 해당 코인이나 주식을 샀는지와 관계없이 벌어지는데, 마치 나의 행위와 관련이 있는 것처럼 생각하는 것이다. 혹시 수십 억 원 이상의 코인이나 주식을 대량 매수하거나 매도한다면, 아주 짧은 시간이지만 시세에 영향을 미칠 수 있을 것이다. 하지만 우리는 거대한 큰손이나 고래가 아니라 개미 투자자에 불과하다. 우리의 행위가 가격에 영향을 미치는 일은 거의 없다고 봐야 한다.

그렇게 몇 번의 작은 손실을 통해 얻은 것은 떨어져도 다시 오른다는 믿음이었다. 그 당시는 대세 상승장이었다. 한마디로 어떤 코인을 사더라도 오르는 시기, 모든 코인이 빨간 불로 불장을 만들며 사람들을 유혹했다. 커뮤니티에는 '돈 복사하러 가즈아'를 외치는 이들이 넘쳐났다. 우후죽순처럼 가격이 상승하는 코인들을 보고 있자면 안 하는 사람이 바보라는 결론에 자연스럽게 도달했다. 일주일 새 열 배 이상 가격이 상승하는 코인도 비일비재했다. 그런 코인은 단 몇 시간 만에 시세 창을 뚫을 듯 강렬한 기세로 가격이 올랐다. 붉은 레이저 빔처럼 솟구치는 시세 창을 보고 사람들은 불나방처럼 모여들었다. 한 방을 노리는 이들은 무조건 오른다는 믿음으로 수중에 가진 돈을 끌어모아 시세 창에 올라탔다.

나도 호기심에 솟구치는 붉은 레이저 빔에 올라탄 적이 있다. 소액이었지만 몇 분 사이에 수십 퍼센트씩 올랐다가 내려가기를 반복하는 시세 창을 보고 있으니 놀이동산의 자이로드롭을 탄 것처럼 스릴이 넘쳤다. 문제는 탈 때는 마음대로 탔지만 언제 내려야 할지 알 수 없다는 것이었다. 더 높은 수익을 기대하며 계속 타고 있다가는 추락하듯 떨어지는 가격에 돈을 잃을 수도 있었다. 언제 추락할지 모르는 위험천만함이 '빔'을 타는 요금이나 마찬가지였다.

이와 같은 스릴이 선사하는 짜릿함과 흥분은 뇌에 깊이 각인된다. 그리고 또다시 그런 자극을 추구하도록 우리를 충동질한다. 인간의 학습과 동기에 대한 심리학 이론 중 '강화reinforce'라는 개념이 있다. 어떤 행동의 빈도를 증가시키는 것을 '강화'라고 하는데, 이때 중요한 것이 바로 보상이다. 어떤 방식으로 보상을 주느냐에 따라 학습의 속도와 행동의 빈도가 달라진다. 코인을 통해 얻는 보상은 간헐적 보상에 해당된다. 꾸준히 안정적인 수익을 보장해주는 것은 아니지만 간헐적으로 큰 보상을 한꺼번에 줌으로써 행동을 강화시킨다. 그야말로 한 방을 노리면서 해당 행동을 지속하는 것이다.

거기에 더해 4년마다 대상승기를 맞았다는 역사적 사실은 사람들의 동기에 적지 않은 영향을 줬다. 올해가 바로 대상승장이니 지금이 투자 적기라는 확신 그리고 올해를 놓치면 또다시 4년을 기다려야 한다는 불안감에 사람들은 코인 판에 뛰어들었다. 그리고 아직 내 돈인지 알 수 없는 수익금을 보면서 자신의 예측이 틀리지 않았다는 안도감과 금방이라도 부자가 될 것 같은 기분에 젖어든 것이다.

그렇게 날마다 커뮤니티에는 자신의 수익을 자랑하는 인증 샷이 줄을 이었다. 또 어떤 사람은 '내가 ○○ 쏜다고 했제'라며, 자신이 특정 코인의 상승을 예측했던 것처럼 얘기했다. 그들은 의기양양했고 자신감이 넘쳤다. 어떤 사람들은 돈 버느라 너무 피곤하다는 식으로 은근히 자신의 수익을 자랑했다. 그들은 밤새도록 차트를 보고 있느라 너무 피곤하다는 푸념과 다시는 그런 짓을 하지 않겠다는 다짐을 늘어놓았다. 하지만 함께 올린 수익 인증 샷은 다시 그런 상황이 와도 기꺼이 잠을 포기하고 피곤을 감수하겠다는 맹세처럼 보였다. 투자 전문가 냄새를 물씬 풍기는 사람들도 있었다. 그들은 역헤드앤숄더라느니 20일선, 60일선, 피보나치 등 나 같은 초짜는 들어본 적도 없는 전문용어를 늘어놓았다. 그리고 뭔가 엄청나 보이는 차트 분석을 통해 나름대로 적정가격을 설정하고 저평가 종목을 공략한 것처럼 보였다. 하지만 지금 생각해보면 그런 게 다 무슨 소용인가 싶다. 코인에 오랫동안 투자해온 이들은 '코인에 그런 게 어디 있느냐'는, 한마디로 사람들의 분석이 아무 의미 없는 일이라며 일축했다. 코인의 가격 변동은 기존의 상식을 뛰어넘기 때문에 이를 적용하는 것이 큰 의미가 없다는 뜻으로 보였다.

그때는 모든 코인의 가격이 일제히 오르고 있었다. 사람들은 코인 가격이 오르는 걸 보면서, 망설이지 않고 투자했다면 얻었을 수익만큼 손해를 보고 있는 기분을 느꼈을 것이다. 이런 상황에서는 가격 폭등으로 투자자의 주의가 요구된다는 우려 섞인 뉴스마저도 수익률이 이렇게 높은데 아직도 코인에 투자 안 하고 뭐 하느냐는 신호로 읽혔을 것이다. 여기에 더해 아는 사람이 코인으로 큰 수익을 얻었다는 소문은 나 같은 이들을 코인 판으로 끌어들였다. 너나 할 것 없이 가지고 있던 돈을 쏟아부었으니, 가격이 오르는 것은 당연한 결과였다. 어떤 사람들은 자신이 투자만 하면 오른다고 생각하며 자신이 투자자로서 안목과 능력이 출중하다고 생각했을지 모른다. 하지만 안타깝게도 코인의 가격 상승은 이들의 예측과는 무관한 것이었다.

돈 복사,
가즈아!

사 람들은 단기간 높은 수익을 얻으면 이는 순전히 자기 능력
이 뛰어나기 때문이라고 생각하게 된다. 나 역시 그랬다.
가격이 떨어진 코인을 매수해 가격이 오르면 매도하는 단순한 행
위를 반복했을 뿐인데, 일주일 사이 수익률은 20퍼센트를 넘었다.
돈 버는 것이 이렇게 쉬울 수가 없었다. 돈은 사람이 버는 게 아니
라 돈이 돈을 벌게 해야 된다는 어디서 주워들은 말을 떠올리며,
지금이라도 코인 판에 뛰어들길 잘했다고 생각했다.

그리고 그날이 되었다. 코인은 24시간 거래를 할 수 있는데도 특

정 시간이 되면 차트가 요동친다. 바로 오전 9시다. 이유는 알 수 없지만 9시가 되면 어떤 코인은 하락을, 어떤 코인은 가격 상승을 보인다. 9시가 되자 내가 사놓았던 코인 중 하나가 미친 듯 오르기 시작했다. 도대체 무슨 호재가 있는지, 누가 그렇게 높은 가격에 사는지 알 수 없었지만 가격은 몇 분 사이 두 배가 되고, 또 몇 분 사이 세 배가 되고, 천장을 뚫고 하늘까지 갈 기세로 올랐다. 불과 30분 사이에 네 배까지 치솟았던 가격은 두 배 수준으로 잠잠해졌다. 그 순간은 뭔가에 홀린 듯 차트만 바라볼 수밖에 없었다. 그 쾌감은 시속 100킬로미터로 달리고 있는 일반 도로가 아우토반으로 바뀌고, 내 차도 평범한 중형차에서 슈퍼카로 변해 속도의 한계를 무시하고 액셀을 밟는 느낌이었다. 주변의 모든 것이 순식간에 나를 지나쳐 멀어져갔다. 물론 이런 슈퍼카의 문제는 속도를 올릴수록 연료가 빨리 닳는다는 점이다. 이내 속도가 줄어들었지만 나는 확신할 수 있었다. 내가 산 것이 일반 코인이 아니라 다시 오를 수 있는 잠재력이 있는 슈퍼코인이라는 사실을 말이다.

돈 복사를 경험하고 나니 조금 더 대담해졌다. 투자금의 크기가 커졌으며 한 번에 사고파는 금액도 늘어났다. 시장에서는 가능성과 우려의 목소리가 뒤섞여 들려왔지만 나는 나의 경험과 긍정적인 신호에 선택적으로 주의를 기울였다. 지금까지 잘되고 있는데 뭐가 문제란 말인가. 이 속도면 금방이라도 시드가 두 배, 세 배가 될 것 같았다. 이전에 주변인들에게 들었던 코인으로 돈 벌었다는 사람이, 다름 아닌 내가 될 것이라는 확신이 들었다.

지금 생각해보면 그때의 나는 지나치게 용감했다. 용감한 시민 상은 다른 사람이 아니라 내가 받아야 마땅할 정도였다. 무식하면 용감한데, 내가 바로 그 꼴이었다. 손실을 경험한 사람은 대부분 나와 같은 경험을 가지고 있을 것이다. 객관적 지표와 데이터를 바탕으로 투자하지 않고 자신의 주관적 감정과 느낌에 의존하는 것이다. 이럴 경우 운 좋게 수익을 내기도 하지만 얼마 지나지 않아 투자 실패와 손실을 경험한다. 문제는 이런 사람들은 자신의 투자 방법이 틀렸다는 사실을 모른다는 것이다. 경제적 손실이라는 값비싼 수업료를 치르고 나서야 자신이 틀렸다는 것을 마지못해 받아들인다.

정신과 의사였던 에런 백Aaron. Beck 박사는 "우리의 감정과 행동은 객관적 현실보다 주관적으로 구성한 현실에 의해 결정된다"라고 했다. 인간은 세상을 있는 그대로 보지 않는다. 객관적인 사실이나 상황을 무시하고 보고 싶은 것만 보고, 믿고 싶은 대로 믿는다. 특히 불안한 투자자들은 손실이 예상되는 무수한 증거를 무시하고, 보고 싶은 것만 보려는 경향이 있다. 이를 임의적 추론이라고 한다. 예를 들어 특정 코인이 고점 대비 많이 떨어졌다는 이유만으로 지금 매수하면 오를 것이라고 생각하는 것이다. 어떤 투자든 다양한 정보를 종합해 투자를 결정하는 것이 옳다. 큰돈을 투자할 때는 더더욱 그렇다.

하지만 코인의 경우 이런 정보를 얻을 수 있는 곳이 별로 없다는 것도 문제다. 큰 변동 폭에도 불구하고 떨어지면 오르고, 오르면 떨어진다는 것 말고는 믿을 것이 없었다. 내가 산 코인이 더 떨어질지, 반등할지 예측할 수 있는 정보가 너무 부족했다. 매수할지 매도할지 판단하기 위한 정보가 부족해 순전히 개인의 감에 의존하는 경우가 많다. 그래서 여러 지표가 다 무너진 코인을 고점 대비 저렴하다는 이유로 매수하거나, 영향력이 있는 누군가 특정 코인을 언급하면 가격이 급등하는데 이번에도 언급했기 때문에 가격이 오를 것이라며 매수하는 것이다. 사실 이것은 아무거나 사놓고 오르길 기다리는 것과 다를 바 없다. 하지만 그 당시는 뭘 사도 오르는 시기였기에 자신이 임의적 추론이라는 오류를 저지르고 있다는 사실을 확인할 방법이 없었던 것뿐이다.

투자자들이 저지르기 쉬운 또 다른 오류는 의미확대와 의미축소다. 본격적으로 투자를 시작한 이후 산 코인들이 오르자 내가 뭔가 대단한 능력이 있는 사람처럼 느껴졌다. 사는 것마다 오르다니, 이 정도면 워런 버핏이 부럽지 않았다. 그리고 그동안 미지의 생물이라고 여기며 두려운 마음을 갖고 있던 코인에 대해 어느 정도 알아가고 있다고 생각했다. 다른 사람들보다 뒤늦게 코인 판에 뛰어들었음에도 이 정도 수익을 올리는 것은 나의 뛰어난 분석력과 과감한 실행력 덕분이라며 나의 행위에 대한 의미를 한껏 부풀렸다.

물론 모든 투자가 성공하지는 않았다. 내일이면 병합된다는 정보도 모른 채 가격이 떨어졌다는 이유만으로 구매했다가 이튿날 20퍼센트 이상 떨어진 수익률을 보고 깜짝 놀란 적이 있다. 하지만 이런 몇 건의 손실에 대해서는 단지 운이 나빴던 것뿐이라며 그 의미를 축소했다. 이처럼 선택적으로 사건의 의미를 확대 또는 축소 해석하는 것은 자신의 행위에 정당성을 부여하고, 투자를 계속할 수 있는 명분으로 삼기 위해서였다. 만약 나의 무능력으로 지속적인 손해가 발생하고 있다고 결론 내린다면 더 이상 투자를 하지 않고 접는 것이 합리적이고 더 이득이 되는 선택이었다. 하지만 빨리 수익을 올려 부자가 되고 싶다는 욕구는 이성적 판단을 하지 못하도록 만들었다. 그저 잘된 건 내 능력이 출중하기 때문이며, 못된 건 운이 나빴을 뿐이라며 나를 속였다.

코인에 투자하면서 숱한 오류를 저질렀음에도 나는 투자를 멈추지 않았다. 그저 하루하루 늘어나는 수익을 보며 모든 것이 잘되어가고 있다며 자신을 격려했다. 이런 식으로 수익이 늘어난다면 금세 수익률이 100퍼센트를 초과할 것이라는 계산이 나오자 더욱 투자에 열을 올렸다. 물론 그렇다고 하루 종일 시세 창만 들여다볼 필요는 없었다. 그저 매수하고자 하는 코인에 지정가 알람을 설정해놓고 알람이 울리면 사고, 원하는 수익률에 도달하면 매도가 되도록 설정해놓으면 되는 일이었다. 참으로 편리하고 좋은 시스템이었다. 내가 할 일이라곤 하루에 몇 번 알람이 울리면 매수하고, 매도를 걸어놓고 팔렸다는 알림이 오면 수익을 확인하는 것뿐이었다. 그리 길지 않았던 성공적인 투자 시기가 그렇게 흘러가고 있었다. 그때는 뭘 해도 되는 느낌이었으며 수익률만큼 나의 투자 방식에 대한 확신도 커져갔다. 그리고 그런 느낌이 한동안 지속될 것이라고 믿었다.

존버와
돔황차
사이

성공적인 투자가 지속될 것이라는 믿음은 머지않아 금이 가기 시작했다. 어제까지 불장이었던 코인 판은 급속도로 얼어붙었다. 물론 나락으로 가는 첫날에는 앞으로 펼쳐질 끔찍한 폭락을 전혀 예상하지 못했다. 지정가 알람이 울리자 여느 때처럼 매수를 시작했다. 몇 분 지나지 않아 더 떨어질 상황을 대비해 설정해놓은 지정가 알람이 또 울렸다. 물론 변동 폭이 큰 코인 판에서 10퍼센트 이상 가격이 떨어지는 것은 이상한 일이 아니었다. 하지만 이전과 다른 점이 있다면 거의 모든 코인 가격이 일제히 하락하고 있다는 점이었다. 불길한 느낌이 들었지만 그저 감일 뿐 확실한 건 없었다. 나는 추가 매수를 하면서 상황을 지켜보기로 했다. 손절 라인을 미리 정해놓고 있었지만 순식간에 20퍼센트 이상 한꺼번에 추락하는 가격을 보면서 불안감이 엄습해왔다. 이미 손절 라인을 뚫고 가격이 추락했으며 가격 하락이 멈췄을 때는 손을 쓰기 어려울 정도로 떨어진 상태였다. 손을 쓸 수 없는 상황이라는 것이 적절한 표현이다. 물론 투자 경험이 많았다면 조금 더 현명하게 대처했을 것이며 손실을 최소화했을 수 있다. 하지만 나는 경험이 부족했다.

내가 믿고 있었던 단 한 가지는 떨어지면 오르고, 오르면 떨어진다는 단순한 원리뿐이었다. 지난 주말 사이 거의 모든 종목이 상승세였기 때문에 떨어진 것뿐이며, 내일이면 또다시 오를 거라고 생각했다. 그때는 그저 버티는 수밖에 없었다. 하지만 다음 날도 하락이 이어졌다. 어제 떨어진 것보다는 덜하지만 또다시 10퍼센트 이상 추락하는 것을 보며, 오늘까지 떨어지면 많이 떨어졌으니 내일은 오를 것이라 믿었다. 하지만 나의 예측은 근거가 없었기 때문에 단순한 바람에 지나지 않았다.

나는 더 이상의 손실을 막고 빨리 원금을 회복하기 위해 추가 매수를 했다. 이른바 물타기에 나선 것이다. 하지만 다음 날도 오르지 않는 가격을 보면서 뭔가 잘못되어가고 있음을 직감했다. 엎친 데

덮친 격으로 뉴스에서는 연일 악재를 쏟아냈다. 금융 당국은 코인 가격에 거품이 잔뜩 끼어 있다며, 정부는 투자자를 보호할 수 없으니 알아서 빠져나오라고 했다. 며칠 동안 가격이 하락하는 것을 보면서 저명한 인사들은 그간 가격이 비정상적으로 올랐기 때문에 가격 하락은 당연한 현상이라고 했다. 심지어 어떤 전문가는 가격이 더 떨어져야 한다고 했다. 그들의 이야기를 듣고 있자니 이런 생각이 들었다. 그럼 나는? 내 투자금은 어쩌라는 말인가? 자기 일 아니라고 저런 식으로 말해도 되나? 화가 났다. 그들의 말은 선량한 시민에게 퍼붓는 저주 같았다.

하락장이 연일 지속되자 멘붕에 빠진 건 나뿐만이 아니었다. 커뮤니티에 올라오는 글의 분위기는 180도 달라져 있었다. 수익 인증 샷을 찍어 올리고, 가즈아를 외치던 사람들은 갑작스러운 하락장에 대한 다양한 해석을 내놓았다. 어떤 이는 이것이 이른바 '개미털기'일 뿐이라고 했다. 개미털기는 주식시장에서도 흔히 볼 수 있는 현상이다. 많은 주식을 보유하고 있는 세력이 가격을 일부러 떨어뜨려 소액 투자자들이 겁을 먹고 싼 가격에 매도하게 만드는 것이다. 그리고 싼 가격에 내놓은 주식을 세력이 다시 사들이면서 가격을 올려 수익을 내는 수법이다. 코인 판에는 코인을 많이 보유한 일명 '고래'들이 있는데, 이들이 가격을 떨어뜨리는 중이라는 것이다. 그럴듯한 말이었다. 그리고 그 위기를 넘기기 위해서는

'사나이 테스트'를 통과해야 한다고 했다. 그들은 나처럼 잔뜩 겁을 먹고 있는 코린이들에게 이런 악몽 같은 하락이 그저 담력 테스트에 불과하니 쫄지 말고 버티라는 조언을 아끼지 않았다. 이런 말을 듣고 나니 다소 안심이 되었다. 그들의 주장대로라면 머지않아 하락에서 반등으로 돌아설 것이 분명해 보였다.

하지만 이런 낙관적인 전망만 있는 것은 아니었다. 우리나라뿐 아니라 미국에서도 자산 보유세를 부과하겠다는 등 가상 화폐를 견제하는 듯한 뉴스들이 연일 쏟아졌다. 이런저런 이유로 이번 상승장은 여기서 끝이라는 비관적인 전망을 내놓는 사람들도 많았다. 그도 그럴 것이 가상 화폐가 지향하는 '탈중앙화'를 국가에서 달가워할 리 없었다. 자신들이 만들어놓은 화폐제도는 국가 운영의 근간인데, '탈중앙화'는 그런 통제와 지배에서 벗어나겠다는 저항이기 때문이다. 또한 우리나라의 경우 코인이 다른 국가의 거래소에 비해 유독 높은 가격에 거래되고 있었다. 다른 나라에서 싸게 산 코인을 우리나라에서 일명 '김치 프리미엄'을 얹어 팔면 그만큼의 수익이 발생했다. 마치 카드깡, 환치기와 유사한 불공정 거래처럼 보였지만 당시에는 이를 규제할 수 있는 수단이 없었다. 그러니 이런 손쉬운 먹잇감을 탐욕스러운 거대 자본이 마다할 리 없었다. 이로 인해 국부가 유출될 것을 염려하는 정부 당국의 입장도 이해가 됐다. 또한 코인에 오랫동안 투자하고 있는 이들은 그간 경험했던 수많은 폭락과 폭등장을 언급하며 이것은 폭락 축에도 못 낀다고 했다. 그러면서 진짜 지옥은 아직 시작도 안 했다는 세기말적 종말론에 가까운 주장을 펼쳤다.

불안한 마음은 들불처럼 번졌다. 경험이 미천하지만 다른 사람도 하니 나도 할 수 있을 것이라고 자신만만하게 뛰어든 이들은 어느 쪽 말이 옳은지, 옳고 그름을 떠나서 무엇을 믿어야 할지 갈피를 잡지 못했다. 그럴 때는 당연히 자기에게 유리한 쪽의 말을 선택적으로 받아들이게 된다. 물론 그렇다고 불안한 마음이 사라지는 것은 아니었다.

우리는 마음이 불안할 때 오히려 웃는다. 애써 처한 상황을 부정하거나, 별거 아닌 것처럼 희화화함으로써 충분히 대응할 만한 힘이 있다고 믿는다. 코인 판에 뛰어든 이들도 손실을 입고 있는 상황에서 애써 유머를 구사했다. 얼마 전까지 수익 인증 샷을 올리던 이들은 이제 자신이 얼마나 고점에서 샀는지 인증하기 시작했다. '아직 ○○층(자신이 산 가격)에 사람이 있다'면서 구조 요청 신호를 보냈다. 그러면 얼마 되지 않아 더 높은 층에 있는 사람이 나타났으며, 같은 층에 있는 이들이 반갑다는 인사를 건네며 서로를 위로했다.

직장인을 상담하다 보면 많은 사람들이 이렇게 묻는다.

"나만 이런가요?"

자신이 고민하고 힘들어하고 있는 문제가 자신만의 것인지, 아

니면 다른 사람들도 비슷한 고민을 가지고 살아가는지 궁금해한
다. 물론 다른 사람들 역시 비슷한 고민을 가지고 있는지가 자신의
문제를 해결하는 데 전혀 상관이 없는데도 말이다. 다른 사람들도
비슷하다거나 당신보다 더 심한 사람도 있다는 얘기를 들으면 안
도의 한숨을 내쉰다. 우리는 서로를 모르지만 연결되어 있으며, 이
름 모를 누군가의 아픔을 듣는 것만으로도 동병상련의 감정과 서
로에 대한 연민을 느끼기 때문일 것이다.

어떤 이들은 자신이 소액 투자자인 '개미'임에도 고점에서 물린
것이 아니라고 말했다. 오히려 자신이 '고점에 물었다'고 표현하며
호기로운 모습을 보였다. 자신의 무력감을 애써 부정하는 말 속에
는 포식자가 나타나 위험에 빠졌을 때 자기 몸을 한껏 부풀리는 먹
잇감의 애처로움이 묻어 있었다. 그들은 그렇게 해서라도 자기를
위기에 적극적으로 대처할 수 있는 사람이라고 스스로에게 인식
시키고 싶었는지도 모르겠다. 일종의 정신 승리다. 하지만 이런 말
을 하는 순간 이미 우리는 승리보다는 패배 쪽에 더 가까이 서 있
음을 잘 알고 있다.

나도 이들처럼 내가 산 가격에서 얼마나 떨어졌는지 연일 확인
하며, 도대체 언제쯤 구조대가 올지 기다리고 있었다. 언젠가는
'반등'이라는 구조대가 올 것이라는 희망을 안고, 개미가 아닌 고
래처럼 생각하고 행동하자며 애써 자신을 다독였다. 하지만 근거

없는 희망을 안고 산다는 것은 어쩌면 더 큰 절망으로 가는 지름길 위에 서 있는 것과 같다. 다음 날이 되어도, 그다음 날이 되어도 나쁜 소식만 들려왔다. 내가 품은 반등의 근거는 어디에도 보이지 않았으며 오히려 하락의 근거들만 가득했던 셈이다. 연일 서슬 퍼런 칼날처럼 하락하는 차트를 보면서 나의 희망 역시 무너져내렸다.

패닉셀,
그렇게
손절자가
되다

여느 때와 다를 바 없는 아침, 눈을 뜨자마자 혹시나 하는 마음에 거래 창을 열었다. 밤새 기적이라도 일어났으면 하는 바람이었지만 역시나 어제와 크게 다르지 않은 가격. 어느새 눈덩이처럼 불어나 있는 손실을 차마 보고 있기 힘들어 얼른 휴대폰을 내려놨다. 언제부턴가 절망에 찌들어버린 나는 출근도 하고 싶지 않았으며, 움직이고 싶지도, 심지어 생각도 하고 싶지 않았다. 억지로 일으킨 몸은 손실의 무게만큼 무거웠지만 반대로 정신은 극도로 예민해져 있었다. 한 발 더 디디면 끝이 없는 나락으로 떨어져버릴 듯한 위태로움, 불안을 넘어 공포가 엄습해왔다.

출근은 했지만 일이 손에 잡히지 않았다. 어떻게 시간이 지났는지도 알 수 없었지만 어느새 점심시간이 되어 있었다. 식당에 앉아 밥을 입에 밀어넣는데 주변에서 온통 코인 얘기뿐이었다. 거의 열흘 연속 하락과 폭락이 반복되는 상황이었으며 오전에도 한 차례 폭락이 있었기 때문이다. 코인에 투자하고 있는 사람들 중 나처럼 주변에 말도 못하고 속으로 신음하는 이가 한둘이 아닐 터였다. 투자하지 않은 사람들은 보름 전까지만 해도 탐욕스럽게 연일 최고가를 갈아 치우던 비트코인을 바라보며 '돈만 있었으면 나도 투자했을 텐데'라며 아쉬워했을 것이다. 주변 사람들이 코인 판에 뛰어들 때 자신도 머뭇거리지 말았어야 한다며 후회했을지 모른다. 하지만 코인 가격이 폭락한 지금은 실체도 없는 코인에 투자하는 것은 도박이나 다름없다고, 역시 욕심부리지 않길 잘했다며 안도하고 있을 것이 분명했다. 어떤 이들은 이쯤 떨어졌으면 저점이니 지금이라도 모험을 걸어보자고 생각하고 있었을지도 모른다. 내가 처음 코인 판에 뛰어들며 '지금이 기회'라고 생각했던 것처럼 말이다. 저마다 다른 생각을 품고 있었지만 분명한 건 그들 중 가장 불행한 사람은 나라는 사실이었다.

식당을 나와 커뮤니티에 들어가 보니 많은 이들이 2018년 대폭락처럼 이번 시즌도 끝이 났다고 말하고 있었다. 지금까지 존버를 외치던 이들마저 대폭락이 기정사실인 것처럼 받아들이는 분위기였다. 이미 상당수는 더 이상 늘어나는 손실을 견디지 못하고 패닉셀을 하고 있었다. 이것이 거대한 자본 세력이 의도한 '개미털기'인지는 모르지만 그런 일이 현실에서 벌어지고 있었다. 수많은 투자자들이 더 이상 손실을 견디지 못하고 물량을 매도하기 시작하니 오후에 가격은 더 떨어졌다. 끝을 모르고 떨어지는 차트를 보면서 투자한 돈을 다 잃을지 모른다는 공포가 엄습해왔다. 마치 오늘 코인 판이 끝날 것 같은 파국적인 분위기 속에서 내가 할 수 있는 것은 기도뿐이라는 사실이 나를 더욱 비참하게 만들었다.

많은 사람들이 더 이상 견디지 못하고 손절을 외쳤다. 그들은 코인을 모두 청산한 것을 인증하며, 다들 성투하라는 씁쓸한 인사를 남기고 떠나갔다. 그들을 보며 나도 거기에 동참해야 할지 고민했다. 여전히 '존버'를 외치는 이도 적지 않았다. 코인 판에서 이 정도는 언제나 있었던 일이라며, 별일 아니니 호들갑 떨지 말라는 투였다. 나는 몹시 지쳐 있었다. 열흘 이상을 밤낮 없이 멱살을 잡혀 끌려다닌 듯 나의 마음은 불안과 초조, 우울과 무기력으로 상처가 나 성한 곳이 없었다. 이제 정말 그만하고 싶었다. 더 이상 끌려다니고 싶지 않았다.

이 악몽과 같은 상황에서 벗어나기 위해서 나 역시 선택해야 했다. 언젠가는 오른다는 믿음으로 지금까지 견뎌왔지만 또다시 미친 듯 떨어지는 가격을 보면서 믿음이 흔들렸다. 코인을 오랫동안 해왔던 사람들이 얘기하는 것처럼 정말 존버가 승리할까? 하지만 내가 보기에 존버가 승리한다는 것은 결과론적인 해석일 뿐이었다. 2018년 코인이 폭락한 이후 다시 이렇게 될 것이라고 예상한 사람은 많지 않았다. 어떤 사람은 자신이 사놓은 비트코인 수십 개를 전자 지갑에 넣어놓았는데, 보안상 걸어놓은 암호를 잊어버리는 바람에 현금화하지 못했다는 얘기도 있었다. 또 4년 전 코인 광풍이 불 때 고점에 물려서 4년을 존버한 사람이 올린 인증 샷을 보니, 그 사람처럼 언젠가는 오를지 모른다는 막연한 희망 고문을 몇 년씩이나 견딜 자신이 없었다. 그리고 여기서 더 떨어진다면 도저히 만회할 수 없을 것 같았다. 수년간 모아온 종잣돈이 반 토막이 났는데 세 토막, 네 토막 나면 무모하게 코인 판에 뛰어든 나 자신을 용서할 수 없을 것 같았다.

결국 나는 손절을 선택했다. 아내에게 전화를 걸었다. 수화기 너머로 아내의 목소리가 들렸다. 어떻게 얘기를 꺼내야 할까 생각했지만 지금 그런 생각을 하고 있을 여유가 없었다.

"더 이상은 안 될 거 같아. 이러다 더 떨어지면 정말 답이 없어."

아내는 나의 목소리가 심상치 않음을 느꼈다. 아내는 나를 말렸다. 조금만 참아보라고, 이렇게 떨어졌을 때 파는 건 아닌 것 같다고. 아내는 이렇게 많이 떨어진 뒤에는 조금이라도 오를 거라고 했지만 내 생각은 달랐다. 폭락에 대한 공포는 도망쳐야 한다는 알람 신호를 끝없이 보내고 있었다. 아내에게 "정말 미안한데, 더 떨어지는 걸 견딜 수 없다"고 말했다. 아내는 더 이상 말릴 수 없다고 생각했는지, 체념한 듯 "알아서 하라"고 했다.

나는 그렇게 손절자가 되었다. 가지고 있던 코인을 모두 팔아버리는 순간, 한순간도 쉬지 않고 쫓아오던 손실에 대한 공포가 사라졌다. 손실이 현실이 되었기 때문이다. 대신 현실이 된 손실을 견뎌야 한다는 두려움이 나를 기다리고 있었다.

비참했다. 나는 포식자에게 붙들렸다가 온몸에 상처를 입고 겨우 목숨을 건지고 도망친 먹잇감 같았다. 도대체 어쩌다 이렇게 된 거지…. 나는 이제 어떻게 해야 하는 걸까…. 오만 가지 생각이 떠올랐지만 나는 너무 지쳐 있어 빨리 집으로 돌아가고 싶은 마음뿐이었다. 퇴근길, 차에 몸을 실었다. 집으로 달리는 도로. 뭐가 뭔지 모를 정도로 혼란스러웠다. 아무것도 생각하고 싶지 않았다.

집에 도착하니 아내가 나를 기다리고 있었다. 어떻게 되었는지 물었다. 정말로 다 팔아버렸느냐고 묻기에 "그렇다"고 했다. 아내는 그대로 주저앉아 울음을 터뜨렸고 나도 눈물을 참을 수 없었다. 공포에서 벗어나니 나를 기다리고 있는 것은 상실이라는 짙은 슬픔이었다. 우리는 한동안 그렇게 울었다. 억울함과 절망감이 뒤범벅되어 온몸으로 흘러내리는 듯했다. 나름 열심히 살아왔다고 생각했는데, 나름 착하게 살아왔다고 생각했는데, 불과 며칠 사이에 우리 삶의 결실이 갑자기 불어닥친 태풍에 휩쓸려간 것 같았다. 나는 하늘을 원망했다. 이제야 조금 여유를 갖고 살아보나 싶었는데, 딸에게 조금 더 좋은 걸 해줄 수 있겠다고 생각했는데. 조금 욕심부리는 걸 왜 봐주지 못하냐고. 하지만 원망해도 소용없는 일이었고, 다른 누구도 아닌 내 손이 한 일이었지만 원망이라도 해야 했다. 그거라도 해야 견딜 수 있을 것 같았다.

그날 밤, 꿈을 꾸었다. 꿈속에서 나는 아무도 없는 텅 빈 공간에서 무릎을 꿇고 있었다. 시간이 지나면서 무릎을 꿇고 있는 내 모습이 희미하게 사라져갔다. 나는 그대로 사라져버릴지도 모른다는 소멸에 대한 두려움과 슬픔으로 꿈결에 흐느끼다 잠에서 깼다. 돈을 잃었을 뿐인데, 그 돈을 마련하기 위해 살아온 나의 삶과 과거가 함께 사라진 듯한 느낌이었다. 프로이트는 '꿈은 무의식에 이르는 왕도'라고 했다. 나는 무의식중에 돈을 다 잃으면 '나' 역시 잃을지도 모른다는 두려움을 느꼈던 것 같다. 나름대로 치열하게 살아온 지난날을 한순간에 잃을지 모른다는 두려움과 절반밖에 남지 않았지만 그것이라도 지켜야 한다는 절박함이 나를 손절하게 만들었다.

어떤 이들은 손절하는 사람을 어리석다고 말할지도 모른다. 투자에 대해 잘 알지도 못하는 사람들이 무모하게 뛰어들어, 어설프게 투자하다 손실을 입었으니 모두 자신의 책임이라고 말이다. 맞는 말이다. 틀린 말이 없다. 하지만 나에게 옳고 그름은 별로 중요하지 않았다. 나는 돈보다 '나'를, '나의 삶'을 지키는 것이 중요했다. 그게 내가 할 수 있는 최선이었다.

손실을
만회하기로
결심하다

많은 사람들이 말한다. 손실 중인 코인이든 주식이든 팔 때까지는 손실이 현실화된 것은 아니라고. 그래서 존버한다. 하지만 차라리 손실을 현실화하는 것이 더 나아 보이는 경우도 있다. 커뮤니티에서 봤던 어떤 이는 2017년 코인이 폭등장일 때 고점에 물려, 올해 최고점에서도 50퍼센트 손실률을 기록하고 있었다. 그리고 또다시 폭락 중이었다. 그의 심정은 어떨까? 4년을 기다려 맞이한 상승장. 올해는 어떻게든 손실에서 빠져나올 수 있으리라는 기대와 희망을 품었을 것이다. 하지만 나시금 시작된 폭락은 그 기대와 희망을 한순간에 무너뜨렸다. 거칠게 오르내리는 가격의 파고에 한순간 힘없이 무너져내리는 모래성처럼. 그리고 다시 존버를 시작하겠지. 언젠가는 원금 회복과 잘하면 수익까지 낼 수 있으리라는 막연한 기대를 품으며 애써 자신을 위로할 것이다. 나는 내 삶을 그렇게 내버려두고 싶지 않았다. 뭐라도 해야 했다. 그래야 손절이 잘못된 선택이 아니었음을 증명할 수 있을 것 같았다.

아내는 깊은 실의에 빠졌다. 그녀 역시 지금까지 살아온 삶의 일부가 사라져버린 것 같은 상실감을 경험했으리라. 우리의 젊은 시절은 남들만큼 여유롭지 않았다. 둘 다 늦은 나이까지 공부하고, 병원에서 임상심리전문가 레지던트 과정을 마치자 서른 살이 훌쩍 넘어 있었다. 젊은 시절 번 돈은 액수도 크지 않았고, 그마저도 학자금 대출 등을 갚고 나니 수중에 남는 게 별로 없었다. 10년 가까이 직장 생활을 했지만 왜 그렇게 돈이 모이는 속도는 더딘지. 우리는 그렇게 시작했다.

결혼하면서 대출을 받아 전셋집을 구했다. 엄청 좋지는 않았지만 원룸과 투룸을 전전하던 결혼 전에 비하면 더할 나위 없이 훌륭했던 신혼집. 비록 내 집이 아니라는 게 아쉬웠지만 그게 아무런 상관도 없었던 그때였다. 둘만 있던 집에 딸아이가 태어나면서 셋이 되었다. 우리는 누가 먼저라고 할 것도 없이 '우리 집'이 필요하다는 생각을 했다. 딸이 태어나서 어린 시절을 보내고 학교를 마칠 때까지 안정적으로 지낼 수 있는 '우리 집' 말이다.

우리는 그간 모아둔 돈으로 살 수 있는 집을 알아보았지만 마음에 드는 매물을 찾을 수 없었다. 입지가 마음에 들면 아파트가 너무 낡고 좁았으며, 집이 마음에 들면 가격이 맞지 않았다. 부족한 돈은 은행에서 빌리기로 하고 선택 범위를 넓히니 그제야 원하는 매물을 찾을 수 있었다. 모 전자 회사에서 인도 출신 연구원에게 제공해준 탓에 온갖 향신료 냄새가 가득했지만 적당한 가격의 매물을 계약했다. 우리는 마침내 내 집 마련의 꿈을 이루었다. 비록 대출이 필요했지만 성실히 일한다면 충분히 감당할 수 있는 수준이었다.

그 뒤로 열심히 직장 생활을 하며 대출금도 어느 정도 갚아가고 있을 무렵, 부동산 가격은 천정부지로 오르기 시작했다. 나는 사람들이 말하는 것처럼 손 놓고 있다가 벼락거지가 될 것 같은 불안을 느꼈다. 서점에 들러 부동산과 재테크 관련 서적을 사서 읽으면서 어떻게 해야 할지 고민했다. 나는 그런 치열하고 지난한 날들을 지나 여기까지 왔다. 그리고 드디어 시드머니를 모아서 첫 투자를 감행한 것이다. 그런데 이렇게 허무하게 끝나버리는 모습을 가만히 두고 볼 수만은 없었다.

손절한 다음 날은 토요일이었다. 나는 우울하고 또 우울했다. 동물은 상처를 입으면 은신처에 들어가 몸을 숨기고 나을 때까지 머무른다고 한다. 나는 침대에 누워 한 발자국도 움직이고 싶지 않았다. 하지만 우울한 내 마음과는 상관없이 세상은 흘러갔다. 아침에 눈을 뜨자마자 일곱 살짜리 딸아이는 자전거를 타러 나가자고 성화였다. 오후에는 개발에 참여했던 자살예방교육이 예정되어 있었다. 움직이고 싶지 않은데 움직여야 했으며, 당장 한강에라도 달려가 죽고 싶은 마음이 드는데 자살예방교육을 진행해야 하는 아이러니. 돈을 잃었다고 삶이 끝난 것도 아니니 당장 주어진 일을 하자고 마음먹고 기운을 차려보기로 했다.

일어나서 씻고 딸아이 네발자전거의 보조 바퀴를 렌치로 풀어내고 두발자전거로 만들었다. 처음에는 안장을 잡고 넘어지지 않게 도와주었는데 쉽게 균형을 잡지 못했다. 보조 바퀴가 달렸을 때는 자유자재로 탔던 자전거지만 손바닥만 한 보조 바퀴를 떼어내고 나니 느낌이 아주 달라진 모양이었다. 딸아이는 어려서부터 끈기가 대단했다. 무엇이든 자기 힘으로 하고 싶어 했다. 잘되지 않으면 짜증을 부리고 소리를 지르기도 했지만 결국에는 스스로 해내고야 말았다. 어느 정도 감을 잡았는지, 혼자 힘으로 타보겠다고 했다. 페달에 발을 올리고 한 바퀴 두 바퀴 돌리더니 균형을 잃었다. 그렇게 몇 번 시도한 끝에 두세 바퀴 페달을 돌리는 수준이 되었으며, 얼마 지나지 않아 10미터가 넘는 거리를 혼자서 타게 되었다. 누군가의 성공의 순간을 지켜보는 것은 가슴 벅찬 일이다. 아이는 흥분된 목소리로 "아빠! 엄마! 내가 혼자 힘으로 두발자전거를 탔어!"라고 말하며 기뻐했다. 우리 부부에게도 평생 잊지 못할 감동적인 순간이었다. 아무리 힘든 순간에도 절망적인 일만 있는 것 같지는 않았다. 한 번 넘어졌다고 좌절하지 않고 끈기를 가지고 하다 보면 못할 일이 없겠다는 생각이 들었다. 일곱 살짜리 딸도 실패를 두려워하지 않고, 넘어져도 다시 일어나서 결국 해내지 않았던가.

나는 손실을 만회해 보겠다고 결심했다. 아내와 딸아이에게 투자에 실패한 사람이 되고 싶지 않았다. 그렇게 마음먹고 나니 충분히 할 수 있을 것 같았다. 물론 시간은 걸리겠지만 너무 서두르지 않고 차분히 하다 보면 언젠가는 만회할 날이 올 거라고 생각했다. 불과 얼마 전까지만 해도 나름대로의 투자 원칙과 방법을 통해 수익을 냈었다. 그러니 예전에 비해 시드머니는 작아졌지만 아직 충분히 만회할 수 있는 기회가 있다고 생각했다. 아니 그래야만 했다. 그래야 폭락한 코인 가격처럼 꼬꾸라진 자존심을 회복할 수 있을 것 같았다.

다시 코인 투자를 시작했다. 밤새 하락세는 멈춰 있었다. 역시 내가 팔면 오르는 법이던가. 하루만 버텼다면 손실을 줄일 수 있었겠지만 후회하지 않기로 했다. 누구도 내일 가격이 오를지 떨어질지 정확하게 예측하지 못하고, 내가 다시 과거로 돌아간다고 해도 똑같은 선택을 했을 것이기 때문이다. 하락세를 멈추고 다소 올랐을 뿐이지, 원금 대비해서 떨어진 건 마찬가지였다. 그래도 다시 올라가는 가격을 보면서 조금 더 버텼어야 했는데 하는 후회와 미련이 남는 건 어쩔 수 없었다.

그럼에도 나는 다시 시작해야 했다. 이제부터는 정말로 방심하지 않고, 원금을 지키면서 손실을 만회해 보리라 다짐하고 또 다짐했다. 변동성이 큰 코인을 장기 보유하는 것은 너무 위험해 보였다. 물론 장기라는 것이 사놓고 몇 년간 보유한다는 뜻은 아니었다. 불과 며칠 사이에 반 토막이 나버리지 않았던가. 그리고 밤낮 없이 거래가 계속되는 코인 판에서 낮에는 멀쩡하던 가격이 밤사이 나락으로 떨어지는 경우도 허다했다.

나는 깨어 있는 동안에만 거래를 하고, 그날 산 코인은 그날 파는 전략을 세웠다. 이른바 단타를 치는 것이었는데, 짧은 시간에 수익을 거둠으로써 만족감을 얻기 위해서가 아니었다. 단지 언제 떨어질지 모르는 상황에서 대응할 새도 없이 손실이 나는 것이 두려웠기 때문이다. 그리고 일정 금액의 수익이 발생할 때마다 아내에게 송금하기로 했다. 이는 원금을 보전하면서 아내를 안심시키기 위함이었으며, 단기 목표를 설정하고 이를 달성해 나감으로써 성공 경험을 쌓아가기 위한 전략이었다. 2~3일 간격으로 수익을 송금하면서 우리 부부는 다시 희망을 갖기 시작했다. 원금을 되찾을 수 있을 것이라는 희망. 그래서 지난날의 노력이 사라져버렸다거나 헛

된 것이 아니었음을 증명할 수 있으리라는 희망 말이다.

잔인한 4월이 지나가고 있었다. 집 앞 하천에 줄지어 있는 버드나무들은 더없이 푸르렀으며, 겨우내 앙상한 나뭇가지 사이로 흐르는 물줄기가 보이던 풍경은 초록으로 채워졌다. 집 앞 도로를 흘러가는 차들 역시 하루도 빠짐없이 모습을 나타냈고, 날이 좋으면 놀이터를 가득 메우던 아이들 역시 변함없었다. 다만 나는 달라져 있었다. 밤낮 없이 코인 투자에 매달려 있었다. 하루라도 빨리 이 상황에서 벗어나 일상으로 돌아가고 싶었다. 몸과 정신은 고단했지만, 마음은 조금 편안해졌다. 손실을 만회해갈수록 충분히 나의 손실에 대한 책임을 다하고 있다고 생각했다.

손실의
늪에
빠지다

다시 악몽이 시작되기까지 그리 오랜 기간이 걸리지 않았다. 살짝 반등하고 있던 코인 가격이 다시 연일 하락하기 시작한 것이다. 나는 또다시 원금에서 손실을 볼 수는 없었다. 그렇다고 매일 하던 투자를 멈출 수도 없었다. 가만히 있으면 형기가 늘어나는 죄인처럼 초조했다. 빨리 손실이라는 감옥에서 벗어나고 싶은 마음 때문이었다. 하락세였지만 전일 대비 충분히 떨어졌다고 생각하는 코인을 매수했다. 하지만 매수 이후 가격은 한 차례 더 폭락했다. 다시 두려워졌다. 마치 예전에 만났던 맹수를 다시 마주친 듯한 두려움과 공포. 애써 아무렇지 않은 것처럼 감춰두고 있던, 아직 아물지 않은 상처에서 통증이 느껴졌다. 그렇다고 도망칠 수도 없었다. 나는 또다시 아무것도 하지 못하고 얼어버렸다.

하필 다음 날은 어린이날이었다. 코인의 덫에 걸려 허우적대는 동안 딸아이와 놀아주는 것에 소홀했던 터라 이번에는 좋은 기억을 선물하고 싶었다. 나 역시 넉넉하지 않은 살림이었지만 어린이날만큼은 부모님 손을 잡고 사람들이 북적이는 놀이동산에 갔던 기억이 떠올랐다. 딸아이가 평생 간직할 어린이날의 기억이 더없이 행복했으면 좋겠다고 생각했다.

코인이야 어찌 되었든 그날만큼은 딸을 위해 쓰고 싶었다. 이제 유아에서 어린이가 되어가고 있는 딸아이는 민속촌에 가자고 했다. 민속촌이지만 한쪽에 작은 놀이동산이 있는데, 거기에 있는 자이로드롭과 바이킹을 타고 싶다는 것이다. 우리 가족은 민속촌으로 향했다. 바람이 조금 불었지만 하늘은 파랗고 숲은 푸르렀다. 불어오는 바람에 흔들리는 나뭇가지들이 싱그러워 보였다. 민속촌 입구에 길게 늘어선 입장객 행렬. 어린 자녀의 손을 잡고 서 있는 부모들의 모습을 보며, 그들도 나와 같은 바람을 안고 이곳에 왔음을 알 수 있었다. 북적이는 인파를 뚫고 놀이동산으로 향했다. 그곳에는 이미 놀이 기구를 타기 위해 줄을 선 사람들로 가득했다. 우리도 딸아이가 가장 좋아하는 자이로드롭을 타기 위해 줄을 섰다.

한참을 기다려야 하는 상황에서 휴대폰의 코인 거래 앱을 열어보니 어제 사놓은 코인 가격이 더 떨어져 있었다. 그날만큼은 딸아이에게 집중하고 싶었지만, 마음이 걱정에 붙들려 그럴 수 없었다.

놀이 기구를 몇 개 타고 간식을 사 먹은 다음 추억의 장난감을 사서 아이 손에 들려주고 집으로 향했다. 특별할 것도 없는 아날로그 감성이 가득한 장난감이 마음에 들었는지, 연신 버튼을 눌러대는 아이를 보면서 깊은 자괴감에 빠져들었다. 나는 도대체 뭘 하고 있는 건지. 무엇을 위해 오늘을 포기하고 있는 건지 스스로에게 물었다. 하지만 손절 이후 포기하지 않고 원금을 되찾겠다던 나의 다짐은 어떻게 해야 하는 걸까. 나는 갈등하기 시작했다.

다음 날에도 매수한 코인 가격은 회복되지 않았다. 또다시 선택해야 했다. 예전처럼 가격이 회복되길 기다릴 것인가, 아니면 더 늦기 전에 손절할 것인가. 불과 얼마 전, 연일 계속되는 하락과 폭락에 대한 기억이 쓰나미처럼 덮쳐왔다. 그나마 다행인 점은 며칠 전 시작한 원금에서 아직 마이너스는 아니라는 것이었다. 고민 끝에 하루만 더 버텨보기로 했다. 코인 투자를 할수록 느는 것이라고는 손실이 왔을 때 버티는 힘뿐이었다. 다음 날에도 별반 달라지지 않았으며, 언제 또다시 폭락이 찾아올지 모른다는 불길한 마음에 조금씩 손절을 하기 시작했다. 허무했다. 몇 날 며칠을 매달려 조금씩 손실을 메꿔왔는데, 수익은 손에 잡히지 않는 물과 같았다. 손에 잡았다고 생각하면 어느새 빠져나갔고 언제나 빈손이었다.

나는 손실의 늪에 빠져버렸다. 빠져나오려고 몸부림칠수록 더 깊이 빠져들었다. 팔다리 뭐 하나 자유롭게 움직일 수 없는 지경이 되어버린 후에야 늪이라는 사실을 깨달았다. 더 이상 평정심을 유지하기 힘들었다.

퇴근길, 고속도로에 올라 차 안에서 소리를 지르기 시작했다. 도대체 어떻게 해야 코인의 덫에서, 손실의 늪에서 벗어날 수 있을까? 답답한 마음에 소리를 지르다 보니 눈물이 흘렀다. 눈물 너머로 아내의 얼굴이 떠올랐다. 지난 며칠 동안 수익이 발생할 때마다 입금하고 있었는데, 한동안 무소식이니 또다시 손해를 보고 있는 건 아닌지 걱정하고 있을 것이 분명했다. 더 이상 아내를 실망시키고 싶지 않았다. 원금에서 돈을 빼주고 나중에 수익을 내서 메꾸면 되지 않을까 하는 생각이 스쳤고, 잠시였지만 아내에게 거짓말을 할지 고민했다.

그 순간 깨달았다. 내가 중독자가 되어가고 있다는 사실을. 놀랍게도 내가 일하고 있는 연구소의 소장님은《어쩌다 도박》의 저자이며 도박과 중독 치료의 대가인 신영철 교수님이다. 교수님이 작년에 중독 치유 책을 쓰시고 '중독 없이도 행복한 인생을 위하여'라고 사인을 해서 선물해주셨는데 내가 이러고 있다니. 어쩌다 이 지경이 되었을까 회한의 눈물이 흘렀다. 교수님의 책《어쩌다 도박》에는 중독자들이 가장 잘하는 것이 거짓말이라는 내용이 나온다. 그들 역시 처음부터 그럴 의도는 아니었겠지만 가족을 속이게 되고, 속였다는 사실을 숨기기 위해 또 거짓말을 한다는 것이다. 그러다 어느새 입만 열면 거짓말을 하는 지경에 이른다고 한다. 그런 중독자들의 이야기를 보면서, 어떻게 가족을 속이면서 도박을 할 수 있을까 생각했는데 내가 그러려고 하고 있었다.

집에 도착해 저녁을 먹으려고 식탁에 앉았다. 다행히 딸아이는 피아노 학원에서 아직 돌아오지 않았다. 아내의 눈치를 살피며 어떻게 말을 꺼내야 할지 고민했다. 하지만 손실 사실을 밝히는 것 외에 적당한 말이 떠오르지 않았다. 아내에게 사실대로 손해를 보았다고 말했다. 그러고 나니 아내가 무슨 말을 할지 겁이 났다. 나의 무능을, 무책임을 추궁하지 않을까 걱정됐다. 하지만 아내는 괜찮다며 나를 위로했다. 한 번 잃어버린 것을 되찾는 것은 그렇게 쉬운 일이 아니라고, 그 돈이 없어도 당장 우리 사는 데 아무 문제 없으니 너무 애쓰지 말라고. 조금이라도 만회할 수 있으면 다행이고, 그러지 못해도 괜찮다는 말을 듣고 나니 감정이 복받쳐 한참을 어린아이처럼 울었다. 그동안 참고 있었던 눈물이 한꺼번에 나오는 듯했다. 아내는 딸과 함께 제주도에 있는 처남 집에 가서 머리 좀 식히고 오라며 비행기 티켓을 예약해주었다.

늪에서 빠져나오려면 몸에서 힘을 빼야 하는데, 나는 오히려 빠져나오려고 몸부림을 쳤던 것이다. 그렇게 손실을 만회해 보겠다는 욕심이, 잃어버린 것을 영영 찾을 수 없을지 모른다는 두려움이 나를 더 깊은 늪에 빠지게 만들었다. 제주도로 향하는 날, 휴대폰에서 코인 거래 앱을 삭제했다. 비로소 나는 늪에서 벗어나 세상에 발을 디디듯 자유로웠다. 그런 내 마음을 아는지 모르는지, 딸아이는 비행기를 타러 간다는 사실에 들떠 있었다. 자기 가방이라며 손바닥만 한 핸드백에 과자와 머리핀, 어린이날에 사준 아날로그 게임기를 챙기는 모습을 보며, 삶에서 필요한 것이 실제로는 그렇게 많지 않다는 것을 깨달았다. 비행기에 올라 제주도로 향하는 길. 창 너머로 제주도의 푸른 바다와 높은 산을 보고 있자니 손에 잡히지도 않는 수익에 현혹되어 무엇이 중한지도 모르고 지내온 지난 몇 달이 허무하게 느껴졌다.

나는 돈을 잃었다는 사실을 인정하기로 했다. 능력에 비해 너무 많은 것을 원했던 것이다. 결국 욕심이 손실로 이끌었다. 지금까지 살아오면서 내가 똑똑한 줄 알았는데 착각이었다. 지식을 쌓고 다른 사람들이 나를 인정한다고 해서 똑똑한 것은 아니다. 그것은 단지 지식이 많을 뿐. 지식은 많지만 어리석은 사람도 많다. 다른 것은 알아도 자신을 알지 못하면 어리석은 것이다. 내 능력의 한계를 알지 못해 겸손하지 못했고, 자만심이 넘쳐 욕심을 냈으니 어쩌면 손실은 필연적이었던 셈이다.

2장

상
실
의

강
을

건
너
다

손실은
사건이
아니라
과정이다

자신이 투자한 것의 가치가 하락할 때 사람들은 손실을 볼지도 모른다는 생각을 한다. 그리고 손실 가능성이 커지면 자신이 감당할 수 있는 정도일지 가늠해 본다. 코인이 폭락할 때 딱 봐도 투자 경험이 부족한 사람이 커뮤니티에 질문을 올렸다. 내용은 자신이 투자한 금액보다 더 많이 잃을 수도 있느냐는 것이었다. 상식적으로 생각할 때, 자신이 투자한 것보다 더 많은 돈을 잃는다는 것은 말이 되지 않는다. 사람들은 두려움에 떨고 있을 초보 투자자를 위해 답을 달기 시작했다. 댓글에는 손익이 마이너스 100퍼센트인 경우 원금이 제로가 되는 것이지 투자금보다 더 많이 잃을 수 없다는 설명이 이어졌다.

하지만 실제로는 손익이 마이너스 100퍼센트가 되지 않더라도 투자한 것보다 더 많은 것을 잃는 경우가 허다하다. 우리는 무언가에 투자할 때 단순히 돈만 투자하는 것이 아니기 때문이다. 돈과 함께 시간을 투자하고, 희망을 투자한다. 나 역시 숱한 시간을 시세를 확인하고 거래하는 데 쏟았으며, 수익이 나면 나의 삶이 지금보다 더 풍요로워질 것이라는 희망을 키워나갔다. 이런 이유로 우리는 돈을 잃으면, 잃어버린 돈을 벌기 위해 들였던 노력과 시간의 의미를 상실하고, 미래에 대한 희망마저 잃어버리는 경우도 적지 않다. 그래서 자신이 투자에 실패했음을 인정하고 받아들이기 더더욱 어려운 것이다.

반복적인 투자 실패에도 언젠가는 손실을 만회할 수 있을 것이라는 기대를 안고 투자를 지속하는 사람들이 있다. 그들은 실패한 투자를 곱씹으며 처참히 구겨진 자존심을 회복하려는 것이다. 하지만 짙은 패배감으로 물든 감정에 휘둘리다 보면 잃은 것을 되찾기는커녕 추가 손실로 이어지는 경우가 대부분이다.

사람들은 길을 걷다 넘어지면 누가 자신의 초라한 모습을 볼까 무서워 서둘러 그 상황에서 벗어나려고 한다. 하지만 몸이 다쳤는데도 창피한 마음에 너무 빨리 일어서려다 보니 또다시 넘어지는 경우가 비일비재하다. 그러니 투자 실패로 넘겨졌다면 그로 인해 상처 난 마음과 일상을 살피고 천천히 회복의 과정을 밟아야 한다.

만약 가까운 이에게 당신이 투자에 실패해 돈을 잃었다고 말한 다면 대부분 잊어버리라고 할 것이다. 또 원래 내 돈이 아니었던 거라고 말하거나, 없던 돈이라고 생각하라며 당신을 위로할 것이다. 하지만 말이 쉽지, 손실을 인정하고 받아들이는 것은 결코 쉬운 일이 아니다. 그리고 원래 내 돈이 아니었다거나, 없었던 돈이라는 것은 사실이 아니다. 그것은 자신을 속이는 것이다. 그리고 살면서 경험하게 될 무수한 상실의 상처를 치유하는 데도 도움이 되지 않는다. 떠올리기 싫고 두렵지만 이미 잃어버린 것이 나에게 어떤 의미였는지, 그리고 상실이 내게 남긴 것은 무엇인지 살펴봐야 한다.

돌이켜보니 나에게 손실은 하나의 사건이나 순간이 아니라 과정이었다. 손실은 돈을 잃었다는 사실을 인정하는 순간 끝난 것이 아니라, 지속적으로 내 삶에 영향을 미쳤기 때문이다. 상실의 강을 건너면서 마주했던 내면의 감정은 내 삶 전체를 집어삼킬 것 같았다. 하지만 불편하고 받아들이기 힘들었던 감정은 모두 나름의 의미가 있었다. 나는 그렇게 손실의 과정에서 느꼈던 상실의 감정을 견딘 후에야 일상으로 돌아올 수 있었다.

우리가 상실의 강을 건너야 하는 이유가 여기에 있다. 대부분의 손실은 결코 돌이킬 수 없다. 그리고 필연적인 삶의 변화를 수반한다. 손실을 겪는 순간 우리는 상실의 강에 던져진다. 그리고 상실로 인해 발생하는 감정의 급류에 나의 의지와 상관없이 삶이 휘말리는 것을 경험할 것이다. 불안하고 두려운 마음에 짜증을 내기도 하고, 자기 잘못이 아니라며 원망의 대상을 찾을 수도 있다. 누군가 나를 비난하는 것 같아 수치심을 느끼고, 자신의 상처와 연약한 모습을 숨기기 위해 누군가를 공격하고 비난하며, 별것 아닌 일에 날을 세우기도 한다. 그럼에도 손실을 돌이킬 수 없다는 사실과 자신의 무능을 인정하는 순간, 끝도 없는 무력감과 우울감이 밀려든다. 심한 경우 무가치하게 느껴지는 삶에 대한 회의와 절망감에 자살이라는 수단으로 자기로부터의 도피를 시도하는 사람도 있다. 하지만 결국 우리는 그 강을 건너 삶의 다른 단면에 닿게 된다. 단지 어떤 이는 빨리 그 강을 건너고, 어떤 이는 조금 더 시간이 필요할 뿐이다.

한 가지 분명한 것은 우리는 이 과정을 통해 성장한다는 사실이다. 숱한 고통을 선사했던 감당하기 힘든 감정들은 성장의 연료가 된다. 그 과정에서 얻게 되는 삶에 대한 통찰과 새롭게 삶을 해석하는 능력은 내가 진정 원하는 삶이 무엇인지, 어떻게 살아가야 하는지 알려줄 것이다. 따라서 당신이 평소에는 느끼지 못했던 강렬한 감정들을 두려워하기보다 용기를 내서 감정의 언어에 귀를 기울여 보길 바란다. 도박판에서 돈을 딴 사람이 잃은 이에게 집에 갈 노잣돈을 챙겨주는 일은 영화에서나 있는 일이다. 우리가 손실을 경험한 곳은 냉정하고, 그곳에서의 경험이 나의 삶에 어떤 의미이며, 이제 어떻게 살아야 하는지를 찾아내는 것은 오롯이 우리의 몫이다.

불안해지는
순간
손실이
시작된다

돌이켜보니 손실은 어쩌면 투자를 하는 순간 이미 시작되었던 것 같다. 투자했던 코인의 손익이 마이너스가 되는 순간부터 불안했다. 물론 어느 정도의 마이너스는 충분히 예상했던 일이다. 하루에도 몇 번씩 널뛰기를 하는 가격 때문에 언제든지 마이너스가 될 수도, 또 플러스가 될 수도 있다고 생각했다. 하지만 주식 대비 높은 회전율과 변동성에도 불구하고 며칠이 지나도 떨어진 가격은 회복될 기미를 보이지 않았다. 언젠가 가격이 오르면 원금을 찾을 수 있을지 모른다는 막연한 기대를 품기도 했지만, 나의 기대를 무참히 박살내듯 무섭게 떨어지는 가격을 보면서 불안감은 더욱 커져갔다.

당시 코인 판은 아수라장이었다. 정부나 전문가들이 버블이라고 경고했는데도 나처럼 버블을 타고 수익을 내려는 수많은 사람들이 코인 판에 뛰어들었다. 거대한 자본력을 가지고 있는 기업과 기관까지 가세한 코인 판은 탐욕스러운 자본으로 이루어진 바다같이 느껴졌다. 집채만 한 변동성이 성난 파도처럼 넘실거리는 바다에서 내가 할 수 있는 건, 금방이라도 부서져버릴 듯한 조각배에 의지해 죽기 살기로 버티는 것뿐이었다. 그럼에도 나는 이 불확실하고 모호한 상황에서 내 것이었던 것을 지켜내기 위해 안간힘을 쓰고 있었다.

가격이 하락할 때마다 끊임없이 머릿속에서 울리는 불안의 경고 등을 끄기 위해 내가 할 수 있는 것은 쉬지 않고 투자금이 잘 있는지 확인하는 것이었다. 손에서 휴대폰을 놓기 어려웠으며, 불안의 크기만큼 시세 창에 머무는 시간은 길어졌다. 깨어 있는 동안 수없이 가격 변동을 예의 주시하고, 자다 깰 때도 필사적으로 시세 창을 확인했다. 그렇게 외면하고 싶은 현실을 피하지 않고 직시하는 것이 내가 불안에 맞서는 방법이었다. 또한 코인 관련 뉴스와 기사를 검색하고, 유명한 블로거와 유튜버들의 전망을 들으며 불안에서 벗어나려고 했다. 불안감을 가중시키는 비관적인 전망은 애써 무시했으며, 만회의 희망을 더해주는 내용을 하나라도 더 찾기 위해 검색을 이어갔다. 하지만 이런 시도는 결국 내가 원하는 정보만 선택하도록 만들었고, 합리적 판단을 내리는 데는 별다른 도움이 되지 못했다.

불안감이 지속되자 나의 삶은 변해갔다. 손실이라는 위기에 대응하기 위해 모든 에너지를 쏟은 탓에 일상을 유지하는 데 필요한 에너지가 부족했다. 먼저 가족에게 주의를 기울이지 못하고 함께하는 시간에 집중할 수 없었다. 놀아달라는 딸아이의 성화에 마지못해 함께 시간을 보냈지만 마음은 곤두박질치고 있는 시세 창에 묶여 있었다. 직장 생활 역시 마찬가지였다. 불안한 몸을 일으켜 출근은 했지만 일이 손에 잡히지 않았다. 회의에 참석해도 나 혼자 다른 세상에 동떨어져 있는 것 같았는데, 동료들은 그때 내가 꼭 '붕 떠 있는 것 같았다'고 한다. 한편으로는 극도로 예민해 있었다. 언제 나에게 들이닥칠지 모르는 잠재적 위험에 대비하기 위해 신경을 바짝 곤두세우고 있는 탓에 사소한 것에도 짜증이 났다.

불안할 때 사람들은 경직된다. 근육이 긴장되면 딱딱하게 굳어 움직이기 쉽지 않은 것처럼, 생각 역시 경직되어 다양한 상황에 유연하게 대처하지 못한다. 이러한 인지적 경직성은 근본적으로 불안한 상황을 통제하기 위한 자기방어가 목적이다. 그래서 불안한 사람들의 말투에는 날이 서 있고 공격적인 모습을 보이지만 결국 그들의 행동은 상처받지 않으려는 필사적인 몸부림인 것이다.

전쟁 상황을 떠올려보자. 몇 달째 계속되는 전쟁으로 아군의 피해가 상당하며, 보급도 끊겨 더 이상 버틸 힘이 없다. 언제 적이 들이닥칠지 모르는 상황에서 예상치 못한 변수가 발생한다면 아군이 큰 피해를 입을 수 있다. 따라서 변수가 생기지 않도록 통제해야 한다. 그러기 위해서는 끊임없이 사람들의 움직임을 감시하고 변수가 발생하지 않았는지 확인해야 한다. 하지만 이런 통제가 전쟁터가 아닌 곳에서도 지속된다면 또 다른 문제가 생긴다. 나는 휴대폰에 설치된 가상의 거래소에서 고독한 전쟁을 치르고 있었으나 현실은 전혀 그렇지 않았다. 그럼에도 나는 불안감 때문에 전혀 위협적이지 않은 것도 위협으로 지각했으며, 통제 불가능한 것까지 통제하고자 했다. 그러니 상황은 더욱 꼬여갈 수밖에 없었다.

그때 내가 불안했던 이유가 무엇이었는지 생각해보았다. 아직 손실이 현실화되지 않았지만 돈이 아닌 뭔가를 잃어가고 있다고 느꼈다. 바로 일상의 상실이었다. 삶에 대한 통제를 잃어버리면서 예전에 살아왔던 대로 살 수 없었다. 변해버린 나를 마주한다는 것이 두렵고 불안했다. 불안은 더 많은 것을 잃기 전에 멈추라는 경고신호였다. 그리고 '자기 삶을 위험에 빠뜨리지 말라'는 말을 전달하고 싶었던 것이다.

불안에서 벗어나기 위해서 우리는 통제 범위를 벗어나는 위험한 투자를 중단해야 한다. 만약 내가 감당할 수 있을 정도의 금액만을 투자했다면 불안을 느끼지 않았을 것이다. 불안은 그런 식으로 우리 삶의 반경을 제한한다. 그것이 불안이라는 감정이 우리를 삶으로 이끄는 방식이다.

시세가
폭락하면
공포는
폭등한다

코인 시세가 더 떨어질 수도 있지만 반등할지도 모른다는 실낱 같은 희망은 연일 계속되는 하락세에 하루하루 줄어들고 있었다. 모호하고 불확실했던 손실이 분명하고 확실해지는 순간, 불안은 공포로 바뀌었다. 코인 가격이 하루에 20퍼센트 이상 폭락할 때 공포를 느꼈다. 물론 공포에 질려 있는 건 나뿐만이 아니었다. 경험이 많지 않은 투자자들은 끝없는 가격 하락에 떨고 있었다. 우리가 느꼈던 공포는 소멸에 대한 것이었다.

내가 가지고 있던 것이 영원히 사라져버릴지도 모른다는 공포스러운 상황에서 우리가 할 수 있는 건 무엇일까? 상상해보자. 당신은 야근을 하고 조금 늦은 시간 집으로 가고 있다. 버스에서 내려 인적이 드물지 않은 골목길을 지나면 집에 도착하게 된다. 하지만 오늘따라 비는 추적추적 내리고 지나가는 사람조차 한 명도 없다. 평소 길을 환하게 밝히던 가로등마저 불이 들어오지 않는다. 골목은 칠흑 같은 어둠으로 채워져 있다. 맞은편에 건장한 사내가 비옷을 입고 다가온다. 나쁜 예감은 틀린 적이 없는지, 강도로 돌변한 사내가 흉기를 들고 다가온다면 어떻게 할 것인가?

이런 상황에서 우리가 할 수 있는 것은 두 가지뿐이다. 싸우거나 도망치거나. 공포라는 감정은 생존에 꼭 필요하다. 예를 들어 고소공포증은 질병으로 분류되어 있지만, 높은 곳을 무서워하지 않는 사람은 오히려 그만큼 죽음에 가까이 있다고 봐야 한다. 안전 장비 없이 높은 절벽에서 인생 샷을 즐겨 찍던 인플루언서의 죽음, 고층 빌딩이나 높은 다리 위를 걸으며 사진을 찍던 작가의 죽음은 공포의 상실 때문이다. 따라서 공포를 느끼고, 그런 상황에서 벗어나고자 하는 시도는 싸우는 것이든 도망치는 것이든 궁극적으로 생존에 도움이 된다.

코인 관련 게시판에서도 두 가지 상반된 공포 반응이 나타났다. 한쪽에서는 계단식 하단으로 끝도 없는 손실을 볼 것이라는 말로 사람들을 공포에 휩싸이게 만들었다. 진정한 하락은 아직 시작도

하지 않았으니 모든 것을 잃고 싶지 않으면 지금이라도 도망치라고 외쳤다. 한쪽에서는 이제 거의 바닥을 쳤으니 곧 반등할 것이라고 했다. 예전에도 이런 적이 한두 번이 아니었으니 바닥에서 손절하고 도망치는 것은 어리석은 짓이라는 것이다. 그들은 존버를 외쳤다. 그들에게 존버는 공포스러운 상황에 맞설 수 있는 유일한 무기였다. 도망치라는 경고와 존버하라는 외침 사이에서 나는 어떤 주장을 믿어야 할지 갈피를 잡을 수 없었다. 둘 다 맞는 말 같았다. 모두 이전 경험을 근거로 제시했기 때문이다. 하지만 결국 누구의 말이 맞는지는 시간이 지나봐야 알 수 있었다.

불안할 때 나타나는 인지적 경직성은 공포 상황에서 더욱 극단적이 된다. 심각한 위기 상황에서 생존 외에는 관심의 대상이 되지 못하기 때문이다. 죽느냐 사느냐가 달려 있는데 다른 게 눈에 들어올 리 없다. 그리고 공포는 파국화로 완성된다. 지금도 견디기 힘든 상황이 나중에는 내가 생각할 수 있는 최악으로 치닫게 될 것이라는 파국적인 전망은, 실제로 그런 상황이 벌어진 듯한 착각에 빠져들게 한다. 이런 파국화는 비상사태를 선포해 즉각 그 상황에서 벗어나도록 한다.

폭락장에 많은 사람들이 패닉셀을 한다. 두려움에 떨면서 묻지도 따지지도 않고 가진 것을 매도한다. 그 상황에서는 돈보다 자신을 지키기 위해서다. 공포는 내가 가지고 있는 것 중에 무엇을 잃어도 되지만 자신만은 지켜내야 한다고 말한다.

불안과 공포는 비슷해 보이지만 다른 감정이다. 불안은 아직 발생하지 않았지만 그럴 가능성이 있는 상황에 대해 느끼는 염려와 걱정이다. 따라서 불확실성이라는 속성을 내포한다. 이와 달리 공포는 대상이 분명하고 그런 상황이 이미 발생했을 때 느껴지는 극도의 두려움이다. 그렇기 때문에 공포는 불안보다 감정의 농도가 진하다. 그런 농도 짙은 물감으로 우리의 기억 속에 생생하게 새겨진다. 시간이 지나도 쉽게 잊히지 않으며 삶에 지속적으로 영향을 미친다.

소중한 것을 잃어버린 경험과 그때 느꼈던 공포는 심리적 외상_{trauma}이 된다. 극심한 심리적 외상은 생각과 행동을 변화시킨다. 일단 돌이킬 수 없는 공포스러운 경험을 하고 나면 그와 관련된 상황이나 장소를 피하게 된다. 또다시 그런 일이 벌어질지 모른다는 두려움 때문이다. 이런 두려움 탓에 우리는 사소한 것에도 쉽게 놀라고 예민해진다. 그리고 한동안 떠올리고 싶지 않은 불쾌한 경험이 반복적으로 떠오르는 재경험을 하게 된다.

손실의 공포를 느끼던 그 시기에는 코인과는 아무런 상관도 없는 자극에도 하루하루 사라지고 있는 투자금을 떠올렸다. 엘리베이터가 내려온다는 화살표를 보면서 가격 하락을 떠올렸으며 운전하면서 마주치는 자동차 번호판도 나를 괴롭혔다. 손실과 아무런 상관도 없는 자극들이 수시로 나의 마음을 손실의 한복판으로 이끌었다.

손절 이후 손실을 만회해 보겠다고 다시 코인 시세 창을 쳐다보는 것도 매우 고통스러운 일이었다. 시세 창을 쳐다보고 있으면 패닉에 빠져 가진 것을 모두 팔아버렸던 순간이 떠올랐고, 그때마다 느껴지는 무력감과 패배감은 나를 움츠러들게 했다. 만회할 수 있을 거라고, 스스로를 믿고 포기하지 말라고 다독였지만 나는 알고 있었다. 내 마음에 두려움이 가득하다는 것을. 머릿속에 새겨진 공포는 쉽사리 사라지지 않았다. 예전에는 무시했을지 모를 사소한 위험신호에도 매수해놓은 코인을 매도하며 리스크를 줄이기 위해 노력했다. 공포가 남긴 외상은 그렇게 나를 안전지대로 옮겨놓았다.

돌이킬 수
없다는
사실에
분노하다

몇 주 동안 괴롭히던 손실에 대한 불안은 소멸의 공포가 되어 나를 덮쳤다. 모든 것을 잃기 전에 도망쳐야 한다는 극도의 두려움에 손절을 선택했다. 그렇게 블랙홀처럼 모든 것을 빨아들일 것 같던 공포라는 소용돌이를 정신없이 통과하자 나를 기다리는 것은 좌절감이었다. 투자를 시작하면서 계획했던 것은 모두 헛된 꿈이 되었으며, 자신만만하던 나는 더 이상 없었다.

폭락을 견디지 못하고 패배를 선언하듯 손절하고 나니 억울함이 밀려들었다. 원치 않는 상황에 내던져진 것에 대한 억울함. 그 상황에서 자존심을 지킬 방법은 날 이렇게 만든 대상을 찾는 것이었다. 돈을 잃은 것은 내 탓이 아니라고, 내가 원하던 건 이런 게 아니라는 원망의 말을 퍼붓고 싶었다.

나는 갑작스럽게 온갖 규제와 경고의 메시지를 쏟아내는 정부 당국이 원망스러웠다. 지금까지 잠자코 있다가 왜 하필 내가 투자를 시작한 시점에 이러는 것인지. 그렇게 코인 투자가 위험하다면 진작에 거래를 금지했어야 마땅하지 않은가? 도대체 왜 이제야 규제를 하겠다며 난리인지 도저히 받아들일 수 없었다. 그리고 나처럼 손해를 본 사람이 한둘이 아닐 텐데, 보호해주지 못할 거면 차라리 가만히 있으라고 항변하고 싶었다. 하지만 나는 알고 있었다. 원망해봐야 아무런 소용도 없으며 돈을 잃은 사실은 달라지지 않는다는 것을. 모든 것이 나의 책임이라는 것을 말이다.

자신이 가진 것을 잃었을 때 분노의 감정을 느끼는 것은 자연스럽다. 누군가 내가 아끼는 물건을 빼앗아가려고 한다면 순순히 내줄 사람은 많지 않다. 당연히 상대의 행위에 대해 화를 내고 내 것을 지키기 위해 싸워야 한다. 이때 필요한 것이 분노다. 하지만 분노의 감정이 정당하지 않을 때 그리고 분노가 아무런 잘못도 없는 대상에게 향하는 경우, 우리 삶을 망가뜨리고 파괴할 수 있는 위험성 또한 내포하고 있다.

코인이 폭락할 때마다 좌절감에 휩싸인 사람들은 분노의 감정을 거세게 표출했다. 어떤 이는 매일 시세를 확인하던 휴대폰을 집어던졌으며 어떤 이는 컴퓨터를 박살냈다. 누군가는 집에 있는 물건들을 모조리 집어던지고, 아무 잘못도 없는 문짝을 부숴버리기도 했다. 이러한 행동은 그동안 불안과 공포로 누적되었던 내면의 긴장감과 분노감을 발산하기 위한 것이다.

하지만 시간이 조금만 지나도 자신이 한 행동에 대한 후회가 밀려올 것이다. 가뜩이나 돈을 잃어 한 푼이 아쉬운 상황에서 물건을 부수면 잠깐의 분풀이 말고는 아무런 이득도 없기 때문이다. 그리고 잠깐의 분풀이치고는 값비싼 대가를 치르게 된다. 차라리 동네에 있는 펀칭 기계를 치거나 야구 배팅 연습장에서 방망이를 휘두르는 편이 훨씬 낫다. 결국 분노의 감정을 주체하지 못하고 물건을 부수는 것은 자신에게 해를 입히는 자기 파괴적 행위다.

우리는 분노를 통제하지 못하면 사소한 일에도 화를 내고 원망의 말을 쏟아낸다. 평소에도 자주 들었던 부모님과 아내의 잔소리도 견디지 못하고 화를 내고, 작은 좌절에도 '왜 내 마음대로 되는 것이 하나도 없느냐'며 큰 분노를 표출하는 것이다. 나도 화가 난 상태에서는 마음의 여유가 사라지고, 사람들의 정당한 요구에도 화를 참지 못했다. 내 상황이나 상태를 알지 못하는 사람들은 당황스러워했으며, 나의 예측하지 못한 반응은 그동안 쌓아온 신뢰를 무너뜨리고 관계를 손상시켰다. 한번 손상된 관계는 회복하는 데 상당한 시간과 노력이 필요했다.

이처럼 공격적이고 파괴적 속성을 지닌 분노의 감정이 극에 달한 경우, 자신과 타인을 죽음으로 몰아넣기도 한다. 우리는 뉴스에서 투자에 실패한 사람들이 분노를 참지 못하고 자살하거나 다른 사람들을 죽음으로 몰아넣은 사실을 어렵지 않게 접할 수 있다.

좀 시간이 지났지만 미국 애틀랜타 시에서 주식 투자에 실패한 40대 남성이 12명을 살해하고 자살한 사건이 있었다. 이 남자는 투자 손실로 인한 분노를 통제하지 못하고 증권사 사무실에 총기를 난사했다. 이때 9명이 숨지고 12명이 다쳤는데, 이미 그전에 이혼한 전처와 두 아들을 살해했다고 한다. 남자는 경찰의 추격을 피해 달아나다 포위되자 스스로 목숨을 끊었다.

올해 초, 중국에서는 한 30대 남성이 차를 몰고 시속 100킬로미터가 넘는 속도로 횡단보도를 건너는 사람들을 덮쳤다. 이 사고로 행인 5명이 숨지고 5명이 다쳤다. 남성은 "투자에 실패해 화가 났고 사회에 복수하고 싶었다"고 진술했다. 그 남성이 코인에 투자했다가 최근 가격이 폭락해 큰 손해를 입었고, 이에 대한 분노를 이기지 못해 사람들을 해쳤다고 추정하고 있다.

많은 이들이 원치 않는 손실을 경험하면 자신의 책임을 회피하기 위해 원망의 대상을 찾고 분노의 감정을 표출한다. 이처럼 우리는 왜 분노하는 것일까? 분노의 이면에는 '반드시 ~해야 한다'는 당위적 사고가 깔려 있다. 투자에 실패한 사람들은 이런 생각을 했을 것이다. '나는 절대로 손해를 보면 안 돼', '나에게는 이런 불행이 절대로 찾아오면 안 돼'. 그리고 여기에 부정적 해석이 덧붙여진다. '돈을 잃은 순간 내 인생은 끝났다', '나는 실패자고 더 이상미래는 없다'. 마지막으로 내 생각이 전적으로 옳다는 믿음이 더해지면 자신의 분노에 정당성이 부여된다. 그렇게 분노는 자신과 타인의 삶을 해치게 된다.

하지만 생각해보자. 세상에 당연한 것은 없다. 투자를 하면 수익이 날 수도, 손해를 볼 수도 있다. 누군가는 수백억 원의 수익을 내고 다니던 회사를 떠나는가 하면, 누군가는 대출받아 투자한 돈을모두 날리고 실의와 좌절에 힘겨운 나날을 보내기도 한다. 손실은얼마나 좋은 의도를 갖고 있으며, 얼마나 절박한지와 상관없이 찾아온다. 그러니 '반드시 ~해야 한다'는 비합리적 당위에 자신을 가둬서는 안 된다.

그렇다면 상실의 강을 건너는 동안 분노의 감정은 왜 찾아오는걸까?

분노의 감정은 대부분 우리가 통제할 수 없는 상황에서 발생한다. 투자했던 돈은 이미 내 손을 떠났다. 이것은 내가 받아들이든그렇지 않든 변하지 않는 사실이다. 우리는 이 상황을 어떻게든 돌이켜보고 싶지만 그것은 불가능하다. 이처럼 통제할 수 없는 상황에서 느껴지는 좌절감이 분노와 연결되어 있다. 분노의 감정은 지금 내가 처해 있는 상황이 통제 불가능한 것임을 받아들이라고 말한다.

미국의 신학자 나인홀드 니부어의 유명한 기도문에는 이런 구절이 있다.

"하나님, 내가 바꿀 수 없는 일에 대해서는 그것을 받아들이도록 평정함을 주시고, 내가 변화시킬 수 있는 것이라면 바꿀 수 있는 용기를 주옵소서. 그리고 이 두 가지의 차이를 알 수 있는 지혜를 주옵소서."

투자 실패라는
낙인,
수치심으로
물들다

돈을 잃은 뒤 한동안 어떻게 하면 잃어버린 돈을 되찾을 수 있을지에 대해서만 생각했다. 그러다 손실을 돌이킬 수 없다는 사실을 인정하고 나니 그제야 나를 둘러싼 세상이 눈에 들어왔다. 그리고 수치심이 고개를 들었다. 내가 코인에 투자해 돈을 잃었다는 사실을 사람들이 알게 된다면 그들에게서 어떤 평가를 받을지 두려웠다. 사람들은 투자로 손해를 본 이들을 어리석다고 손가락질한다. 물론 모두 그러지는 않겠지만, 그 순간만큼은 세상의 모든 손가락이 나를 향하고 있는 듯한 착각에 빠져들었다. '일확천

금을 노리고 위험한 투자를 한 어리석은 인간', '자만심에 빠져 능력 밖의 욕심을 냈으니 당연한 결과'라는 지극히 합당한 평가들이 비수가 되어 나를 찌르는 것 같았다.

어떻게든 수치심이라는 감정에서 벗어나야 했다. 그러기 위해 남은 돈으로 다시 투자를 시작했다. 두려움과 공포를 경험한 탓에 예전처럼 과감한 투자를 할 수 없었지만, 조금씩 손실을 만회하다 보면 '실패자'라는 낙인과 감옥처럼 느껴지는 수치심에서 벗어날 수 있을 것 같았다. 투자를 지속하는 동안에는 조금씩이나마 손실을 메꾸고 있으니 아직 '실패'한 것이 아니라고 생각했다. 그렇게 나는 투자를 다시 시작하면서 수치심이라는 감정을 떼어놓을 수 있었다. 하지만 조금이라도 수익을 내지 못하거나 오히려 손해를 본 날에는 멀리 떼어놓았다고 생각한 수치심이 어느새 옆에 와 있었다. 나는 한시도 손에서 휴대폰을 놓지 못하는 지경에 이르렀는데, 이는 중독과 집착으로 가는 과정이었던 것 같다.

수치심은 종종 공격적인 행동이나 회피적인 태도로 이어진다. 손실을 만회하기 위해 일정 금액의 수익이 발생하면 2~3일에 한 번씩 아내에게 입금했는데, 일주일이 지나도록 입금하지 않자 아내가 물었다.

"이번 주는 잘 안 되나 봐?"

아내는 혹시나 손해를 보고 있는 것은 아닌지, 혼자서 손실을 만회해 보겠다고 전전긍긍하는 모습이 걱정되었던 것 같다. 하지만 벗어나기 힘든 수치심이라는 굴레에 갇혀 있는 상태에서는 그런 질문조차 바늘처럼 꽂혀 있는 수치심을 건드리는 것 같았다. 나는 아내의 질문에 "나도 노력하고 있어. 시간이 좀 더 필요할 뿐인데, 왜 그렇게 스트레스를 주는 거야!"라며 신경질을 냈다. 그리고 밤낮 없이 투자하며 만회했던 대부분의 돈을 다시 잃을 상황에 처하자 그 사실을 숨기고 싶었다. 그렇게라도 수치심에서 벗어나고 싶었다. 하지만 수치심에서 벗어나기 위해 발버둥 칠수록 나의 삶이 망가질 것 같은 두려움과 죄책감에 사로잡혔다.

투자에 실패한 많은 사람이 자신의 잘못을 숨기기 위해 거짓말을 한다. 가장 흔한 거짓말은 투자 사실이나 손실을 숨기는 것이다. 짧게는 몇 개월에서 길게는 몇 년까지 배우자나 가족에게 손실을 숨기며, 만회하기 위한 갖가지 시도를 한다. 어쩔 수 없이 투자 손실에 대해 말하더라도 금액을 축소하거나 금방이라도 만회할 수 있을 것처럼 이야기한다. 물론 정말로 손실을 메꾸고 수익까지 낼 수 있다면 다행이지만, 그렇지 못한 경우가 더 많다. 결국 혼자 감당할 수 없을 정도의 손실을 보면 가족에게 도움을 요청할 수밖에 없다. 그 사실을 알게 된 가족이 비난하거나 도와줄 수 없다고 하면 수치심 때문에 오히려 화를 내는 이들도 많다.

투자 실패로 수치심을 느끼면 이 불쾌한 감정을 회피하기 위해

무리한 투자를 하는 경우도 비일비재하다. 투자에 실패했다는 것은 사회적 평판 저하, 지위 손상 그리고 경쟁에서 뒤처진다는 것을 의미하기 때문이다. 하지만 수치심을 피하기 위한 무리한 투자는 오히려 더 큰 손실로 이어진다.

독일의 기업가이자 억만장자였던 아돌프 메클레Adolf Merckle는 투자 실패에 따른 수치심을 견디지 못하고 달리는 열차에 몸을 던졌다. 그는 독일 최초의 복제 약 제조사인 라티오팜을 설립했으며 시멘트 회사인 하이델베르크 시멘트 등 120개 계열사를 거느린 그룹의 총수였다. 독일에서 다섯 번째로 재산이 많았으며 세계 100위 안에 드는 자산가였다. 그는 2008년 글로벌 경제 위기로 자금 문제를 겪자 폭스바겐의 주가가 하락할 것으로 예상하고 공매도를 하는 등 투기를 벌였으나 오히려 주가가 급등하면서 큰 손해를 봤다. 그로 인해 사업이 위기에 처하자 2009년 1월 자살했다.

그의 죽음에 대해 베를린 자유대학교 경제심리학 교수인 데틀레브 리프만Detlev Liepmann은 이렇게 말했다.

"주식시장에서 재산을 잃은 기업가와 6명의 자녀를 두고 직장을 잃은 아버지의 자살 동기는 매우 다르다. 메클레는 위험한 투자로 손실을 봤다고 해도 생계에는 아무런 문제가 없었지만 수치심, 사회적 체면 손상, 명예 실추로 고통받았다."

사람들이 수치심을 느끼는 상황은 다양하지만 대개 사회적 지위가 저하되거나 경쟁에서 뒤처지는 경우 발생한다. 평생을 성공한 기업가로 살아온 그에게 돈을 잃는 것은 단순히 금전 손실만을 의미하지 않았다. 자금 문제를 해결하기 위해 수많은 은행과 정부 부처에 도움을 요청했지만 거절당하면서 상당한 수치심을 경험했을 것이다. 도움을 요청하는 것 자체가 그에게는 사회적 지위 저하를 의미했고, 거절당한 것은 목숨을 던지기에 충분한 수치심을 유발했을 것이다.

사실 성공적인 투자자들 역시 손실을 보는 경우가 허다하다. 하지만 대부분 자신의 성공담만을 늘어놓을 뿐 실패담은 숨기기 때문에 마치 잃지 않는 투자를 하는 것처럼 보인다. 외식업으로 큰 성공을 거두었으며, 여러 방송에서 자신의 성공 노하우를 전파하는 백종원 씨도 젊은 시절 무리한 투자를 하다가 17억 원이 넘는 빚을 졌다고 얘기한 적이 있다. 우리는 그 이야기를 듣기 전에는 성공한 기업가로만 인식했을 뿐이다. 그러니 한두 번의 투자 실패가 인생 전체의 실패를 의미하지 않는다는 사실을 기억하자.

나도 손실이 현실화되는 순간 실패한 삶처럼 느껴져 자존심이 상하고 수치심을 느꼈다. 이처럼 누구든 위기에 몰리면 생각이 극단적으로 흘러가 문제를 비약하고 확대해석하는 경향이 있다. 그러니 수치심이라는 감정에 속지 말아야 한다. 투자에 실패했다고 내가 실패한 인간이 되는 것도, 내 삶이 실패한 인생이 되는 것도 아니다. 물론 우리가 저지른 실수와 손실에 비해 과도한 수치심을 느끼고 있다는 사실을 알고 있더라도, 거기에서 벗어나는 일은 쉽지 않다. 수치심은 모든 것을 마비시킬 수 있는 감정이며 자신이 수치심을 느낀다는 사실을 누군가에게 말하는 것도 어렵기 때문이다. 수치심에서 벗어나기 위해 하는 다양한 시도가 오히려 더 큰 수치심을 유발하는 원인이 되기도 한다.

수치심에서 벗어나는 한 가지 방법은 자신의 감정을 인정하고 누군가에게 말하는 것이다. 대부분의 감정은 이름을 붙이고 말로 표현하는 순간 그 정도가 약해진다. 감정에 사로잡혔을 때는 보이지 않던 해결책을 발견하는 경우도 많다. 그 감정을 왜 느끼게 되었는지, 그것이 자신에게 어떤 의미인지 말로 표현하면서 자연스럽게 통제력을 얻는 것이다. 또한 평소 자신에게 호의적인 사람에게 수치심을 표현하다 보면 다른 사람이 비웃을 거라고 생각했던 일이 그럴 만한 일이 아니라는 사실을 알게 될 것이다.

내 손이
한 일이니,
나를 미워하는
수밖에

상실의 강을 건너는 동안 숱하게 찾아와 나를 흔들어대던 감정은 자책이었다. 이 나이가 되도록 삶에 대한 가치와 기준을 세우지 못하고 불안하게 흔들렸던 나를 자책했다. 투자 경험과 지식이 부족한 상태에서 큰돈을 투자한 지나친 용기에 대해서, 수익이 몇 번 났던 것이 나의 능력이라고 착각했던 어리석음에 대한 자책은 끈질기게 나를 추궁했다.

언제나 명랑하고 활기찼던 딸아이는 요즘 들어 부쩍 풀이 죽어 있어 보였고, 이전과 달라진 집안 분위기에 부모의 눈치를 살피는 모습이 안쓰러웠다. 수익도 내지 못할 투자에 매달리며 딸아이와 함께하지 못했다는 생각이 들자 내 자신이 미련하고 한심하게 느껴졌다. 더욱 괴로웠던 것은 바보 같은 나 때문에 힘들어하는 아내를 바라보는 일이었다. 우리가 함께 일구어나가던 평화로운 가정에 곧 터져버릴 시한폭탄을 안고 들어갔고, 그로 인해 아내가 입은 상처를 바라보는 것은 손실이 안겨준 가장 가혹한 순간이었다. 돈을 잃었다는 사실과 그로 인해 황폐하게 변한 나의 삶을 보고 있으니, 내가 모든 것을 망쳐버린 것 같았다.

할 수만 있다면 피하고 싶었다. 나 때문에 변해버린 일상에서 도망치고 싶었다. 하지만 내 마음 편하자고 힘들어하는 이들을 외면할 수 없었다. 괴로워하는 아내의 모습을 피하지 않고 곁에서 견디는 것이 그 순간에 내가 할 수 있는 최선이었으며, 그녀가 느끼는 감정이 타당하고 정당하다는 것을 인정하는 행위였다. 나는 아무런 말도 하지 않고 그저 아내의 이야기를 들어주며 진심으로 미안함을 표현할 뿐이었다.

수치심은 나의 실수와 결함에 대한 타인의 시선에 집중되어 있다. 그로 인해 부정적 평가를 받을 것에 대한 두려움에 기초한다. 따라서 사람들은 자신의 손실을 만회함으로써 수치심에서 벗어나려고 한다. 반면 죄책감은 나 때문에 다른 사람이 상처를 입고 피해를 봤다는 것에 대한 미안함과 자책이다. 죄책감은 수치심과는 다른 방향으로 사람을 변화시킨다. 바로 타인의 상처를 치유하기 위해 자기 행동을 변화시키는 것이다.

　나는 시시각각 찾아오는 죄책감 때문에 아내에게 미안함을 표현하고 예전과 다른 방식으로 행동하기로 마음먹었다. 예전에는 뭐가 그렇게 바빴는지 퇴근 이후 나누는 일상적인 대화에 진지하지 못했다. 아내의 이야기를 들으며 중요하지도 않은 일을 왜 저렇게 늘어놓을까 하고 생각했다. 우리는 같은 공간에 있었지만 정서적으로는 단절되어 있었다. 하지만 지금은 다르다. 아무리 사소하더라도 아내가 하는 이야기에 귀를 기울이고 열린 자세로 들으려고 노력한다. 그러면서 알게 된 것이 있다. 예전에는 중요하지 않은 이야기로 치부했던 것들이 사실은 나와 정서적 교감을 나누고자 하는 시도였다는 것과 내가 오랫동안 아내의 그런 마음을 외면하고 있었다는 사실이다. 그리고 조금 더 친절한 사람이 되어야겠다고 결심하는 계기가 되었다.

　죄책감의 이런 기능적인 측면에도 불구하고 만성적인 죄책감으로 이어지지 않도록 조심해야 한다. 이런 경우 수치심과 마찬가지로 자신의 행위에 국한된 것이 아니라 존재 자체로 확대될 수 있기 때문이다. 죄책감에는 자기 잘못을 곱씹도록 하는 속성이 있다. 그래서 수십 년이 지난 일에도 죄책감에 시달리며 끊임없이 고통스러워하는 이들도 적지 않다. 운전 중 법규를 위반했을 때는 과태료를 내면 그만이지만, 타인에게 입힌 상처는 그렇게 해결할 수 있는 문제가 아니기 때문이다.

나는 아내가 바라는 것이 무엇일지 생각해보았다. 돈을 잃었다고 죄책감을 느끼며 자신을 형편없는 인간이라고 생각하면서 살아가는 것을 바라지는 않을 것이다. 물론 자신의 실수와 실패에 대해 반성해야 한다. 내가 내린 수많은 선택이 나의 삶을 손실로 이끌었기 때문이다. 그래서 다시 똑같은 실수를 반복하지 않도록 노력할 필요가 있다.

자기 잘못에 대해 부끄러움을 느끼는 것은 부끄러운 일이 아니다. 오히려 그런 감정을 느끼기 때문에 우리는 실수와 잘못을 반복하지 않는다. 수치심과 죄책감은 우리 삶을 더욱 고통스럽게 만들기 위해 존재하는 감정이 아니다. 그러니 괴롭더라도 피하지 말고 견뎌야 한다. 그 견딤 속에서 다른 사람의 감정에 공감하고 자신으로 인해 초래된 타인의 상처와 아픔에 대한 책임 있는 태도를 배우게 된다.

비로소
슬퍼할 수 있게
되다

상실의 강 끝자락에서 만나는 감정이 바로 슬픔이다. 우리는 소중한 것을 잃어버릴지 모른다는 불안과 불확실했던 손실이 점점 분명한 현실로 다가오면서 느끼는 공포를 지나왔다. 그리고 나의 통제를 벗어나 돌이킬 수 없는 손실이 현실이 되었을 때 느끼는 분노, 투자 실패에 대한 수치심과 나로 인해 상심한 이들에 대한 죄책감의 나날을 지내다 보면 비로소 슬픔에 닿는다. 그제야 상실에 대해 슬퍼할 수 있게 된다.

　우리가 투자했던 돈은 어떤 이에게는 그 자체로 소중한 것이었을 수도 있고, 어떤 이에게는 지위를 의미하는 것일 수 있으며, 또 어떤 이에게는 자신이 추구하는 가치를 실현할 수 있는 수단이었을 것이다. 이 중 무엇이 되었든 상실은 그 자체로 슬픈 일이다. 이 슬픔이 지속되면 우울증에 빠지기도 한다.

나는 상실의 강을 건너는 동안 온전히 그 감정을 처리하는 데 에너지를 쏟았다. 슬픔에 다다르자 그동안 나의 삶을 보살피지 못했던 흔적을 보게 되었다. 자동차의 워셔액은 떨어진 지 오래였고, 간단하게 전화만 하면 처리할 수 있는 사소한 문제도 여전히 방치되고 있었다. 뒤처지면 안 된다는 생각에 나 자신이 망가지는 것도 모르고 미친 듯이 달리다, 손실에 발이 걸려 넘어지고 나니 비로소 삶이 보이기 시작했다.

자존심을 지키고 손실에 대한 책임을 회피하기 위해 온갖 방어를 하다가 나의 실수와 손실을 인정하고 나니 끝없는 슬픔이 밀려왔다. 운전을 하다, 사무실에서 일을 하다가도 이유 모를 눈물이 흘러내렸다. 내가 그렇게 아무 이유 없이 눈물을 흘릴 수 있다는 것을 처음 알았다. 슬픔은 삶의 속도를 늦추고 자신에게 찾아온 상실의 이유를 헤아릴 수 있도록 도와준다. 슬픔이 나에게 물었다. '지금 잘살고 있느냐'고. 그리고 '이것이 내가 원하던 삶이 맞느냐'고.

나에게 찾아온 손실과 상실의 이유를 묻다 보니, 내가 더 많은 돈을 벌고자 했던 것은 지금 삶이 빈곤해서가 아니라 마음이 빈곤했기 때문이라는 사실을 발견했다. 뉴스와 SNS에서 끊임없이 쏟아지는 성공한 사람들의 이야기, 나 빼고 모두 부유하고 행복하게 사는 듯한 착각. 그 속에서 별 진전이 없어 보이는 나의 삶을 비교했다. 적어도 수십억 원은 있어야 100세 시대를 대비할 수 있다는, 그리고 누구나 노력하면 경제적 자유를 누리면서 살 수 있다는 말에 현혹된 것이다. 그것이 나의 마음을 빈곤하게 만들었고, 실재하지도 않는 빈곤의 굴레에서 벗어나기 위해 안간힘을 썼던 것 같다. 그렇게 나의 삶을 돌아보니, 내가 해야 하는 것은 더 많은 돈을 벌기 위한 무리한 투자가 아니라 마음의 빈곤에서 벗어나는 것이었다. 내가 진정 원하는 삶이 무엇인지, 그리고 그런 삶을 살기 위해서 해야 하는 것은 무엇인지 찾아야 했다.

불현듯 나처럼 원치 않는 손실로 삶의 희망을 잃고 고통스러운 감정 속에서 허우적거리고 있는 사람들이 떠올랐다. 그들의 슬픔을 공감하고, 손실의 경험 속에서도 희망을 발견하도록 도와주고 싶다는 생각이 들었다.

유튜브에서 한 남자가 '저는 오늘 자살합니다. 마지막으로 저에게 할 말이 있으신가요?'라는 문구가 적힌 피켓을 들고, 사람들이 어떤 반응을 보이는지 관찰 카메라를 찍은 걸 봤다. 관찰 카메라는 사회심리학 연구에서 자주 쓰이는 방법인데, 사람들이 특정 상황이나 조건에 따라 어떤 행동을 보이는지 알아보기 위한 것이다.

처음에는 사람들이 별다른 관심을 보이지 않았다. 그러다 한두 사람이 피켓을 든 남자 옆에 놓여 있는 포스트잇에 위로의 문구를 적기 시작했다. 잠시 후, 한 여성이 남자가 들고 있는 피켓을 한참 바라보다 발길을 돌리는가 싶더니 이내 다시 돌아와 글을 남겼다.

어느새 피켓을 든 남자 주위로 사람들이 몰려들어 위로의 문구를 적고 있었다. 그들 중에서 다른 사람들과 달리 피켓을 든 남자에게 다가가 어깨를 토닥여주는 여자가 눈에 띄었다. 여자는 '왜 자살하려고 하는 건지?' 죽음의 이유에 대해 묻고, 남자가 하는 말을 묵묵히 들어주었다. 그리고 혼자 있지 않도록 한참 그 남자의 곁을 지켰다. 나중에 여자와 인터뷰를 해보니 자신도 우울하고 힘들었던 순간들이 있었다고 했다. 그래서 그냥 지나치지 못하고 어떻게 해서든지 남자의 죽고 싶은 마음을 돌리고 싶었다고 말이다.

슬픔은 타인의 고통에 주의를 기울이고 공감하게 만든다. 적어도 피켓을 든 남자에게 위로의 문구를 적었던 사람들은 삶을 포기하려고 한다는 문구를 보면서 지난날 또는 지금 지치고 힘들었던 자신의 마음이 보였을 것이다. 그리고 자신을 위로하듯 상대를 위로하고, 자신이 듣고 싶은 말을 포스트잇에 적어 그 남자의 마음에 붙여주고 싶었으리라.

이처럼 슬픔은 우리를 위로한다. 슬픔에 차 있는 사람을 보면 우리는 누구나 그 사람의 마음에 눈길을 주고, 비슷한 감정을 느낀다. 그래서 무슨 일이 있는 건 아닌지 묻고, 슬픔에 대해 공감하며 누구나 그럴 수 있으니 힘내라는 위로를 건넨다.

이처럼 슬픔이 건네는 위로는 지난날의 아픔을 딛고 다시 일상으로 복귀하는 데 중요한 역할을 한다. 그러니 내가 어찌하지 못하는 좌절스러운 순간에 부딪히면 억지로 웃으려고 하지 말고 충분히 슬퍼해야 한다. 혹시나 당신의 상처에 공감하고 위로해주는 사람이 있다면 거절하지 말고 기꺼이 위로받자. 그것 또한 상대의 마음을 공감하고 위로하는 일이 될 수 있다.

하지만 슬픔에 지나치게 억눌리고, 자신의 실패를 곱씹다 보면 다시 감정의 급류에 휘말려 이전 단계로 돌아가기도 한다. 손실에 대한 책임을 타인이나 세상으로 돌리며 분노하고, 자신의 실수와 실패에 대해 수치심을 느끼며, 이 모든 책임이 나에게 있음을 인정하면서 죄책감을 느낄 수 있다. 어떤 사람은 이 과정을 한 번 거칠 수도 있고, 어떤 사람은 여러 번 거치기도 한다. 자신의 감정을 제대로 소화시키지 못하면 다시 토해내 되새김질을 한다.

한 가지 경계할 점은 슬픔에 빠져 있을 때는 자신을 더욱 비판적으로 보고 비난하기 쉽다는 것이다. 우리는 기분이 좋을 때 어떤 사실이나 사건을 긍정적으로 보는 것과 마찬가지로, 기분이 좋지 않을 때는 부정적으로 지각하고 해석한다. 또한 손실의 원인에는 여러 가지 상황적 요인과 개인적 요인이 뒤섞여 있음에도 전적으로 자신의 무능과 잘못으로 돌리는 오류를 범하기 쉽다. 따라서 상처 입은 자신을 자책하지 않도록 주의하자.

희망의
상실은
우울로
흐른다

슬픔이 길어져 상실의 강을 건너지 못하고 허우적거리다 보면 감정은 병이 된다. 슬픔은 상실에 대한 정상적인 감정인데 반해 우울증은 비정상적인 병리 상태로 봐야 한다. 누구나 좌절스러운 상황을 마주하면 무기력하고 우울한 감정을 느낀다. 하지만 그것이 삶 전체를 지배하면 마음이 병든 것이다.

　정상적인 감정과 병적인 감정을 구분하는 기준은 여러 가지가 있는데, 그중 하나가 바로 지속 기간이다. 정상적인 감정은 일시적이고 얼마든지 바뀔 수 있다. 낙심하는 일이 있었다고 할지라도 상황이 바뀌거나 즐거운 일이 있을 때는 다시 웃을 수 있다. 하지만 병적인 상태에서는 외부에 대한 반응성이 떨어진다. 내 마음이 지옥일 때는 아무리 좋은 일이 있어도 자신과 아무 상관 없는 이야기다. 그러니 우울한 기분이 지속되는 것이다. 우울증의 진단 기준 중 하나가 2주 이상 즐거움과 흥미의 상실이다. 따라서 상실로 인한 슬픔의 기간이 상당 기간 지속된다면 병적인 상태가 아닌지 의심해봐야 한다.

슬픔과 우울증을 구분하는 또 다른 차이점은 일상생활에 지장을 주는 정도다. 자기 삶을 돌보고 직장 생활을 유지하며 대인 관계에 큰 문제가 없다면 정상적인 슬픔의 감정 상태라고 할 수 있다. 하지만 수면과 식욕에 문제가 생기고, 업무에 집중하지 못하면서 대인 관계도 삐걱거리기 시작한다면 우울증은 아닌지 전문가의 자문을 구해야 한다.

우울한 사람에게서 관찰되는 공통적인 인지 왜곡이 있는데, 바로 자기 자신, 자신을 둘러싼 세상 그리고 미래에 대해 부정적으로 평가하는 것이다. 하지만 이러한 일련의 평가 과정이 매우 자동적으로 일어나기에 정작 당사자는 자기 생각에 오류가 있음을 알아차리지 못한다. 예를 들어 자신이 입은 손실에 대한 책임이 전적으로 자신에게 있다고 생각하며, 자신은 무능하고 쓸모없는 사람이라고 생각할 수 있다. 이러한 부정적인 자기평가로 의욕이 떨어지고 또다시 실패할까 두려워 사소한 것도 결정하지 못한 채 우유부단한 모습을 보이기 쉽다. 이는 결국 좋지 않은 결과로 이어져 자신에 대한 부정적인 평가의 근거가 되는 악순환에 빠지게 된다.

또한 주변 환경에 대해서도 부정적인 평가를 내린다. '다른 사람들이 나를 도와주지 않는다', '나를 이해해주는 사람이 아무도 없다'고 생각한다. 이처럼 다른 사람들이 호의적이지 않을 것이라고 예상하기에 거절에 대한 두려움으로 주변에 도움을 요청하지 못하고 자신을 고립시킨다.

마지막으로 자신의 미래 역시 지금보다 나아지지 않을 것이라고 전망한다. 자신이 느끼는 고통이 끊임없이 반복될 것이라 여기며 절망감에 빠져든다. 투자를 시작하기 전에는 짧은 기간 동안 많은 돈을 벌 수 있을 것이라며 자기 능력을 과대평가하지만, 손실을 경험하고 나면 자존감이 떨어지고 자신감을 잃는다. 그래서 자기에게 미래를 변화시킬 힘이 없다고 생각하는 것이다.

우울증은 단순히 기분과 생각이 변하는 것뿐 아니라 뇌 기능의 변화를 초래한다. 특히 전두엽과 변연계의 기능 저하가 나타난다. 전두엽은 이마 쪽에 있는 뇌 부위로, 목표를 설정하고 이를 달성하기 위해 계획을 세우며 종합적인 의사 결정 등 고차원적인 사고를 담당한다. 반면 변연계는 뇌의 중심부에 있는데 인간의 기본적 본능과 충동, 수면과 섭식, 기억 등을 관장한다. 우울증에 걸리면 전두엽의 기능 저하로 기분이 우울하고 의욕이 떨어지며 집중력이 저하된다. 그리고 변연계 기능 저하로 불면, 식욕저하, 감정 기복 등이 발생하는데, 이 때문에 직장이나 학교 등 일상생활을 유지하기 어렵고 대인 관계마저 줄어든다. 이런 이유로 우울증에 걸리면 단순히 시간이 지나거나 정신만 바짝 차린다고 나아지지 않는다. 병적인 우울증에 빠지면 혼자서 빠져나오기가 어렵다. 그때는 혼자서 고민하지 말고 주변에 도움을 청해야 한다. 필요하다면 정신건강의학과 전문의를 찾아 치료를 받는 것이 좋다.

3장

감정을 잃으면

그때부터 진짜 손실이 시작된다

손실의
감정
버티지 않고
견뎌내기

돈을 잃고 상실의 강을 건너는 동안 가장 힘들었던 것은 수시로 찾아오는 불편한 감정을 견디는 것이었다. 그 감정을 인정하는 것은 나의 실수와 잘못을 인정하는 것을 의미했기 때문이다. 그래서 갖가지 이유를 대면서 감정에 맞서고 버티기 일쑤였다. 하지만 이런 버팀은 대부분 무의미했다. 인정받지 못한 감정은 반박할 수 없는 증거를 수집해 마음의 문을 더욱 세차게 두드렸기 때문이다.

특히 수치심과 죄책감은 과거의 실수와 잘못을 반복적으로 떠올리게 했다. 내가 모든 것을 망쳐버렸다는 자책과 그로 인해 아파하는 사람들의 모습을 곱씹다 보면, 손실과 상관없는 일조차도 나의 잘못처럼 느껴졌다. 이렇게 확보된 심증은 물증이 되고, 물증은 확증이 되었다. 여기에 애당초 자신의 감정을 인정하지 않았던 괘씸죄까지 더해져 가혹할 정도의 형량이 선고되었다. 그렇게 한동안 도저히 빠져나올 수 없을 듯한 우울과 절망의 감옥에 갇혀 있었다.

감정이 마음의 문을 두드릴 때, 우리가 해야 하는 일은 그 감정을 인정하는 것이다. 사실 우리는 대부분 자신이 느끼는 감정이 무엇인지 알고 있다. 다만 아픈 기억을 떠올리는 것이 두려워 애써 모른 척할 뿐이다.

우리는 돈을 잃고 상실의 강을 건너는 동안 마주하게 되는 감정에 대해 살펴봤다. 그러니 그 감정들이 찾아오면 예정되어 있던 만남처럼 맞이하자. 기꺼이 문을 열어주면 억지로 문을 열기 위해 목소리를 높일 필요가 없는 것처럼 감정은 잠잠해지기 마련이다. 공포, 수치심, 분노와 같이 우리가 피하고 싶어 하는 강렬한 감정은 오래 지속되지 않는다. 대부분 수 초에서 수 분 이내에 절정에 이르렀다가 점차 강도가 줄어들게 되어 있다. 감정이 나를 찾아왔다는 것을 알아차리고, 전하고자 하는 메시지를 우리가 알아들었다고 생각하면 이내 들어왔던 문으로 빠져나갈 것이다.

하지만 우리는 감정을 견디기보다 해결하려 든다. 감정의 원인을 찾으면, 그래서 그것을 바로잡으면 그 감정을 느끼지 않아도 되는 것처럼 착각한다. 그래서 과거의 실수와 문제에 집착한다. 자신이 문제의 시작이라고 지정한 그 시점으로 수도 없이 되돌아가서, 그때 다른 선택을 했더라면 바뀌었을 현실을 상상한다. 하지만 내 감정의 원인을 찾아내더라도 기다리고 있는 것은 그 순간을 되돌릴 수 없다는 좌절감뿐이다.

어떤 경우에는 감정으로부터 도망치려 든다. 마음이 괴로울 때 술이나 폭식, 성행위와 같은 즉각적인 쾌락을 주는 행위에 몰두하는 사람들이 있다. 잠깐의 쾌락을 섞어 자신의 괴로움을 희석시키려고 한다. 하지만 쾌락과 괴로움은 물과 기름처럼 섞이지 않으며, 오히려 자신의 감정을 똑바로 보지 못하게 하는 부작용이 따른다. 그래서 자신이 왜 슬프고 괴로운지도 모르는 상태에서 별것도 아닌 일에 날을 세우고 짜증을 내게 만든다. 이런 회피행동은 더욱 강화되어 중독으로 흐른다. 조금의 감정적 괴로움도 견디지 못하고 술이나 오락과 같은 행위로 끊임없이 도망치도록 만들어, 결국 삶을 정상 궤도에서 이탈시킨다.

피할 수 없는 고통스러운 감정 때문에 힘들 때, 정작 필요한 것은 자기 위안이다. 우리는 돌부리에 걸려 넘어졌을 때, 걸어왔던 길을 수도 없이 되돌아가며 어떤 돌부리에 발이 걸렸는지 찾아내려고 한다. 정작 넘어질 때 돌에 찍혀 피가 흐르는 무릎은 방치한 채

내 발끝을 붙잡았던 돌이 어떤 것인지 확인해 봤자 아무 소용이 없는데도 말이다. 그때는 단지 상처 난 부위를 치료하고, 많이 당황했을 자신을 위로하는 것이 우리가 해야 할 일이다.

반대로만
하면
손해는
없다

손실에 대한 감정을 인정한다는 것은 이런 것이다. 돈을 잃을 지도 모르는 상황에서는 당연히 불안하고, 손실이 현실이 된 이후에는 화가 나고 좌절할 수 있다고, 그런 감정을 느끼는 게 당연하다고 자신에게 말하는 것이다.

다만 감정을 인정한다고 해서 그 감정에 따라 행동해야 하는 것은 아니다. 화가 났을 때 있는 그대로 분노의 감정을 표출하면 풀릴 것 같지만 실제로는 그렇지 않다. 또한 절망스러운 마음에 일상을 회복하기 위한 아무런 시도도 하지 않은 채 삶을 방치하다 보면 절망의 늪에 빠진다. 이처럼 감정적 충동에 따라 행동하면 감정의 크기가 작아지기는커녕 더욱 커져 나를 잠식할 가능성이 크다. 따라서 내게 찾아온 감정을 인정하되, 감정적 충동과 반대로 행동해야 할 때도 있다. 우리가 기억해야 할 점은 감정을 통제할 수는 없지만 감정에 대한 반응은 선택할 수 있다는 것이다.

예를 들어 손절하고 나면 사라져버린 투자금을 보면서 분노의 감정을 느끼게 된다. 많은 사람들이 손절 이후 분노의 감정에 이끌려 휴대폰과 컴퓨터를 박살내고, 심지어 자해하는 경우도 있다. 화가 나서 자신에게 벌을 내리고 상처를 입히는 것이다. 하지만 시간이 조금만 지나도 자신의 행동을 후회하게 된다. 이런 경우에는 오히려 그 상황에서 벗어나 다른 것으로 주의를 돌리거나, 누군가에게 자신의 힘든 감정을 표현하며 위로를 구할 수도 있다.

물론 모든 감정에 대해 반대 행동을 취해야 하는 것은 아니다. 자신이 느끼는 감정이 지나쳐서 자신이나 주변 사람에게 부정적 결과를 가져올 것이라고 예상된다면 반대로 행동하기라는 브레이크가 필요하다. 예를 들어 원치 않는 손실에 대한 분노와 좌절감을 경험하는 상태에서, 휴일에 놀아달라고 조르는 아이에게 짜증을 냈다고 생각해보자. 이런 경우 머지않아 아무 잘못도 없는 아이에게 괜한 짜증을 냈다는 죄책감이 가중되어 자신을 더욱 괴롭게 할 것이 분명하다. 이때는 먼저 자신의 기분 상태를 알아차리고 아이가 원하는 것에 주의를 기울여야 한다. 아무것도 모르는 아이에게 화를 내는 대신, 놀이터에 나가거나 산책을 나설 수도 있다. 이처럼 감정과 반대 행동을 취하면 분노의 감정을 누그러뜨릴 수 있다. 그리고 감정적 충동에 따라 화를 낸 후 찾아올 후회와 죄책감도 피할 수 있다.

때로는 감정이 우리를 속인다. 내가 화가 났다고 해서 상대가 나를 화가 나게 한 것은 아닐 수 있다. 우리는 가끔 상황을 잘못 해석해 상대의 의도를 오해하고, 필요 이상으로 화를 내기도 한다. 나중에 자초지종을 들어보면 충분히 이해할 수 있는 상황이었으며, 오히려 상대에게 화를 낸 것이 미안해지는 경우도 많다. 특히 분노의 감정은 두뇌에 영향을 미쳐 이성적인 판단 능력과 통제 기능을 마비시킨다. 그러니 감정이 지나갈 때까지 참는 것도 좋은 방법이다. 시간이 흐르고 감정이 어느 정도 누그러들었다면, 자신이 느끼고 있는 분노의 감정이 옳은 것인지 합리적인 의심을 해봐야 한다.

감정적 충동과 반대로 행동하면 보다 긍정적인 방향으로 변화된다. 어떤 사람들은 반대로 행동하는 것을 감정을 부정하는 것으로 생각할 수 있으나 전혀 그렇지 않다. 반대로 행동하기는 감정을 조절하기 위한 하나의 전략이다. 무더운 여름, 폭염에 노출될 경우 화상과 탈수의 위험이 있다. 이때 폭염을 인정하지 않는다면 자외선으로부터 피부를 보호하기 위해 선크림을 바르라는 기상 캐스

터의 조언을 무시할 것이다. 외출할 때 수분을 보충할 수 있는 물도 챙기지 않을 것이다. 하지만 폭염을 인정한다면 선크림을 바르고 물을 챙겨 자신을 보호할 수 있다. 반대로 행동한다는 것은 감정을 인정하고, 이로부터 나를 보호하기 위한 것이다.

반대로 행동하기 위해서는 내가 현재 느끼는 감정이 무엇인지 말로 표현하거나 글로 써보는 것이 좋다. 우리는 불쾌한 감정을 느낄 때 '짜증 난다' 또는 '기분이 더럽다'처럼 단순화시켜 말하는 경향이 있다. 하지만 이렇게 단순화시키는 경우 내가 지금 느끼는 감정이 무엇인지 명확하게 알기 어렵다. 그래서 자신의 감정을 조절하기 위해 어떻게 해야 하는지 알지 못하는 것이다. '짜증 난다'는 표현 대신, 구체적으로 내가 느끼는 감정이 두려움인지, 수치심인지, 좌절감인지 알아야 그에 적절한 반대 행동을 취함으로써 감정을 조절할 수 있다.

감정을 조절하기 위해 반대 행동을 취하기로 했다면, 감정적 충동에 반대되는 행동이 무엇인지 확인해야 한다. 예를 들어 수치심이 몰려와 사람들을 피하고 싶은 생각이 든다면 오히려 사람들에게 다가가야 한다. 사람들이 나의 손실에 대해 부정적으로 평가할 수 있지만, 그것은 투자 실패라는 행동에 대한 것일 뿐이다. 나라는 인간에 대한 평가는 아니라는 것을 확인하기 위해서는 사람들을 만나서 얘기를 나눠야 한다. 화가 나거나 두려움을 느낄 때는 소리를 지르거나 위협적인 행동을 취하는 대신, 심호흡하거나 스트레칭을 함으로써 몸과 마음의 긴장을 떨어뜨리고 편안한 상태에 이르도록 할 수 있다.

감정적 충동이 느껴질 때 반대 행동을 취하는 것은 쉬운 일이 아니다. 그렇지만 반대로 행동하다 보면 나를 짓누르던 감정의 무게가 가벼워지는 것을 느낄 수 있다. 반대 행동은 과거의 감정에 얽매이지 않도록 하며, 덜 고통스러운 감정으로 옮겨갈 수 있도록 도와준다.

감정의
시세 창을
닫아라

하루는 택시를 타고 목적지로 가던 중이었다. 택시 기사는 새 벽부터 운행하느라 피곤했는지, 조금만 길이 막혀도 짜증 섞인 말투로 푸념을 늘어놓았다. 정작 마음이 급한 사람은 나였지만 기분이 좋지 않은 택시 기사에게 빨리 가달라고 말하는 것이 의미가 없어 보였다. 나보다 더 조급하고 초조해 보였기 때문이다. 목적지에 도착할 때쯤, 택시 기사는 엉뚱한 길로 차를 돌렸다. 왼쪽 차선을 타야 하는데 오른쪽 차선을 타는 바람에 고속도로로 들어서게 된 것이다. 10분 뒤 미팅이 예정되어 있었는데 내비게이션에

표시된 도착 예정 시간은 3분 후에서 28분 후로 늘어나 있었다. 아니, 이 무슨 황당한 상황인가. 택시 기사는 날마다 운전하는 것이 일이지만 더 빨리 가고자 하는 마음에 황당한 실수를 한 것이다.

택시 기사는 당황한 기색이 역력했다. 연신 죄송하다고 말하며 어쩔 줄 몰라 했다. 그는 고속도로에 들어서더니 속도를 높이기 시작했다. 수치심과 자책감으로 자신의 실수를 만회하고 싶은 심정 때문인지, 위험하다는 생각이 들 정도로 속도를 냈다. 나는 택시 기사에게 말했다. 미팅 시간을 조정했으니 서두르지 않아도 된다고. 안전이 가장 중요하니 천천히 가자고 말이다. 목적지까지 불과 1킬로미터도 되지 않았지만 고속도로에서 중앙 차로를 넘을 수도, 그렇다고 역주행을 할 수도 없는 노릇이었다. 나는 그의 주의를 돌리기 위해 말을 건넸다. 택시 운전은 언제부터 했는지, 몇 시부터 운행하는지 시시콜콜한 이야기로 그의 주의를 돌렸다. 택시 기사는 나의 질문에 답을 하면서 이내 차분해졌다.

앞서 살펴본 것처럼 감정적 충동으로 인한 사고를 막기 위한 브레이크도 필요하다. 하지만 그것만으로는 부족할 때도 있다. 이럴 때는 불쾌한 감정에 쏠려 있던 주의를 다른 곳으로 돌리는 것도 유용하다. 떨어지는 시세 창을 보고 있으면 마음이 더욱 불안해지는 것처럼, 괴로운 마음의 시세 창을 들여다보고 있으면 마음이 안정되기는커녕 괴로움이 더욱 커진다. 그럴 때는 마음의 시세 창을 닫고 신경을 꺼야 한다. 이는 마치 원치 않는 방향으로 가고 있는 자동차의 핸들을 틀어 방향을 바꾸는 것과 같다. 불쾌한 감정을 아예 경험하지 않는 것은 불가능하다. 하지만 그 감정이 우리의 삶을 불행으로 몰고 가는 것을 지켜보고만 있어야 할 이유는 없다.

나는 손절 이후 좌절감으로 상당히 괴로운 시간을 보냈다. 하루는 사무실에 앉아 일하고 있는데, 이유 없이 눈물이 흘렀다. 그동안 무표정한 얼굴로 애써 슬픔을 가리고 있다고 생각했는데, 속절없이 흘러내리는 눈물은 막을 수가 없었다. 그때 할 수 있는 행동은 사무실에서 빠져나오는 것이었다. 점심을 먹은 뒤 산책을 하던 10분 정도 되는 짧은 길을 걸으며 마주치는 모든 것을 바라보았다. 길거리에 늘어선 가로수와 가지런히 놓여 있는 보도블록. 전단지를 나눠주고 있는 아주머니와 거리를 거니는 사람들. 도로변을 벗어나 골목길로 들어섰을 때 무리 지어 바닥을 쪼고 있는 비둘기와 돌담 사이에 뿌리를 내린 식물들. 그리고 길거리에 드문드문 박혀 있는 벤치. 이렇게 좌절감으로 쏠려 있던 주의를 다른 것들로 돌리고 나면 기분이 조금 나아졌다. 그리고 의욕이 떨어져 있었지만 무기력이 극에 달했던 며칠을 제외하고는 꾸준히 운동을 했다. 운동할 때는 신체감각에 주의가 집중되고, 그 순간만큼은 나를 괴롭히던 감정에서 벗어날 수 있었다.

이처럼 특정 생각이나 감정으로부터 벗어나는 방법은 주의를 전환하는 것이다. 하지만 사람들은 대부분 그 생각을 하지 않으려고 노력한다. 이런 노력은 오히려 원치 않는 생각에 더욱 얽매이게 만드는데, 이를 사고억제의 역설적 효과라고 한다. 하버드대학교의 사회심리학자인 다니엘 웨그너Daniel Wegner는 실험을 통해 이를 입증했다. 그는 학생을 두 그룹으로 나누고, A그룹에게는 흰곰을 생각하라고 지시했고 B그룹에게는 흰곰을 생각하지 말라고 지시했다. 두 그룹 모두에게 흰곰이 떠오를 때마다 종을 치도록 했는데, 흰곰을 생각하지 말라고 지시를 받은 B그룹이 종을 친 횟수가 더 많았다. 생각하지 않으려고 노력할수록 더욱 생각이 나는 법이다.

고통스러운 감정으로부터 주의를 돌릴 수 있는 방법은 생각보다 많다. 시시껄렁한 농담을 해도 아무렇지 않게 웃어줄 수 있는 친구를 만나거나 통화하는 것, 좋아하는 운동이나 스트레칭을 하는 것도 좋다. 지금 있는 장소에서 벗어나 평화롭고 한적한 공원이나 거리를 걷거나, 애완동물이 있다면 함께 산책을 할 수도 있다. 평소 해보고 싶었던 운동을 배우거나 요리를 하는 것도 좋은 방법이며, 글쓰기도 큰 도움이 된다.

돈을 잃은 와중에 즐거움을 느끼는 활동을 하는 것에 죄책감을 느끼는 사람도 있다. 하지만 명심하자. 돈보다 자신을 지키는 것이 중요하다. 돈을 잃은 것도 억울한데, 자신을 고통스러운 감정에 가둬놓고 학대하지 말자. 삶에 마이너스가 있다면 플러스도 있어야 한다.

'한강 가즈아'를
외치는
당신에게

코인이 폭락을 거듭하던 어느 날, 업무상 강남에 가야 할 일이 있어 택시에 몸을 실었다. 택시는 남산 3호 터널을 지나 반포대교를 올라탔는데, 창밖으로 한강이 보였다. 여느 때처럼 고요하게 흐르는 물줄기는 한없이 평화로워 보였다. 하지만 코인 가격 폭락으로 폐허처럼 변해버린 커뮤니티 게시판에는 돈을 잃은 이들이 '한강 가즈아'라고 쓴 게시물이 날마다 올라오고 있는 상황이었다.

한강. 많은 사람들이 한강 뷰가 보이는 아파트에서 살길 원하지만 아이러니하게도 절망의 끝에 서면 한강을 떠올린다. 죽음과 삶의 경계를 잇는 다리. 그 다리 위에 서서 앞이 보이지 않는 절망적인 현실에, 미련스럽게 손실을 버티다 이 지경이 되어버린 자신을 탁한 강물에 던져야 하나 고민하는 것이다.

우리는 투자 실패로 신변을 비관해 자살한 사람들에 대한 기사를 심심치 않게 보게 된다. 요즘 들어 이런 기사가 더 늘어나는 것이 매우 안타깝다. 나는 2015년부터 자살예방교육 프로그램을 개발하고 교육하고 있는데, 이 일을 하다 보면 실제로 자살한 사람들의 삶을 들여다보게 된다. 자살을 생각하는 사람들 그리고 실제로 자살한 사람들의 데이터를 살펴보면서 그들이 죽음에 이르게 된 이유를 분석하고 교육 자료에 반영하는 것이 내가 해온 일이다.

자살한 사람의 70퍼센트는 남성이다. 자해나 자살을 시도하는 비율은 여성이 54퍼센트 정도로 남성보다 많은 데 반해 실제 자살로 사망하는 사람은 남성이 더 많다. 자살의 원인은 우울증과 같은 정신적 어려움 그리고 경제적 어려움이 큰 비중을 차지한다. 특히 경제활동을 하는 중년 남성은 경제적 어려움이 가장 큰 자살 동기다. 하지만 자살한 사람들의 삶에 대해 주변인의 이야기를 듣다 보면, 그들이 단순히 돈을 잃었다는 이유로 자살한 것은 아니라는 사실을 알게 된다. 돈을 잃기 전이든, 잃은 뒤든 그들은 주변인들과 연결 고리가 끊어지면서 점차 세상으로부터 고립되었다. 홀로 좌절감에 허우적거리다가 삶의 힘겨움을 견디지 못하고 자살하는 것이다.

프린스턴대학교의 심리학자 토머스 조이너Thomas Joiner는《왜 사람들은 자살하는가?》라는 책에서 심각한 자살 행동에는 세 가지 선행 요소가 필요하다고 했는데, 그중 하나가 바로 사회적 단절이다. 많은 사람이 극도의 스트레스 상황에 놓이면 자살을 생각한다. 그런 상황에서 대부분 가족과 친구 같은 주변인이 보호 요인이 되어 그들이 자살 생각에서 벗어날 수 있도록 도와준다. 하지만 이런 대인 관계 지지망이 느슨해져 보호 요인 역할을 하지 못하면 결국 자살에 이르는 것이다.

얼마 전, 유튜브에서 다리에서 자살을 시도하려는 사람을 행인들이 구해주는 영상을 본 적이 있다. 한 남자가 한참을 한강 다리 위에서 서성거리고 있었다. 그는 몹시 초조하고 불안해 보였다. 잠시 후 생을 마감하기로 결심한 듯 한강으로 몸을 던지기 위해 다리 난간을 넘으려고 했다. 때마침 다리를 지나던 남자가 자살 시도자를 발견하고 재빨리 달려들어 그를 붙잡았다. 뒤늦게 그 모습을 본 사람들이 하나둘 모여들어 자살 시도자의 팔과 다리를 붙잡고 다리에서 떨어지지 못하도록 안간힘을 썼다. 또 다른 사람들은 112와 119에 구조 요청을 했으며, 얼마 지나지 않아 출동한 경찰과 소방관이 사람들에게 붙들려 있던 자살 시도자를 구조했다.

자살을 시도한 남자는 세상과 이어져 있던 끈이 하나하나 끊어저 결국 위태롭게 삶과 죽음의 경계에 매달려 있었다. 그는 한동안 삶에 대한 의지와 죽음에 대한 두려움 사이에서 고민했을 것이다. 그러다 삶에 대한 의지가 약해진 바로 그날 자살을 시도했다. 하지만 일면식도 없는 이들이 죽음의 순간에 세상과 연결 고리를 만들어 그를 구해냈다.

나는 왜 그 남자가 자살을 시도하게 되었을지 생각해보았다. 자세한 사정은 알 수 없지만 그를 죽이려 한 것은 그 사람이 처해 있는 상황이나 사건이라기보다 그 상황과 사건에 대해 가지고 있는 생각과 감정이라는 사실만큼은 분명했다.

최근 내가 접한 자살 중 하나는 중년 남성의 자살이었다. 그는 가족과 저녁 식사를 하던 중 말다툼 끝에 분노감을 이기지 못하고 충동적으로 창밖으로 몸을 던졌다. 창문을 열어놓을지 닫을지를 두고 말다툼을 벌이다, 그는 자신을 무시한다며 가족에 대한 원망과 분노의 말을 남기고 세상을 떠났다. 이처럼 우리의 생각과 다르게 어떤 것이든 자살의 이유가 될 수 있으며, 감정이 사람을 죽이기도 한다.

손실의 과정 초기에 느끼게 되는 불안과 공포를 떠올려보자. 이 감정들은 우리를 얼어붙게 한다. 가진 것을 모두 잃을지도 모른다는 공포, 삶이 송두리째 흔들리는 듯한 두려움은 우리를 삶에서 한 발자국도 움직이지 못하도록 만든다. 이런 공포가 어떻게 한 사람을 죽음에 이르게 하는지 보여주는 단적인 예가 작년에 미국에서 발생한 스무 살 대학생의 자살이다. 최근 미국의 밀레니얼 세대가 가장 많이 이용하는 주식 투자 앱인 '로빈후드'를 통해 알렉스 컨스라는 대학생이 주식거래를 하고 있었다. 그는 지난해 6월 11일 로빈후드 앱 화면에 찍혀 있는 '−73만 달러'라는 표시를 보았다. 우리 돈으로 약 8억 원에 해당하는 금액의 빚을 졌다고 생각한 그는 패닉 상태에 빠져 다음 날 스스로 목숨을 끊었다. 나중에 알려진 바에 의하면 대학생인 그가 그만큼의 돈을 가지고 있었을 리 만무하며, 마이너스 73만 달러는 보유한 옵션을 행사해 해결할 수 있는 문제였다. 그는 단지 자신이 투자한 원금을 날렸지, 73만 달러의 빚을 진 것은 아님에도 이를 오해하고 삶을 포기했다. 공포를 느끼면 몸이 굳는 것과 마찬가지로 세상을 바라보고 해석하는 능력도 경직된다. 다양한 가능성과 해결책을 모색할 수 있는 능력이 사라지고, 세상을 모 아니면 도로 보는 극단적인 판단 기준만 남는다. 그것이 실재하지도 않는 빚을 졌다고 생각하게 만들었으며 결국 삶을 파국으로 이끌었다.

손실이 현실화되었을 때 느끼는 수치심과 죄책감 역시 우리를 죽음으로 내몰 수 있다. 앞서 얘기한 독일의 기업가이자 억만장자인 아돌프 메클레가 그랬고, 우리나라에서도 숱한 재벌 총수와 권력자들이 그동안 쌓아온 부와 명예, 사회적 지위 상실로 인한 수치심과 소중한 것을 지키지 못했다는 죄책감을 견디지 못하고 목숨을 던졌다.

돈과 명예, 사회적 지위가 삶을 지탱해온 유일한 이유라면 그것을 잃는 순간 살아야 할 이유를 상실하는 것이나 마찬가지다. 많은 사람들이 한순간 초라해진 자신을 견디지 못하고, 자신으로부터 도망치길 원한다. 예전에 죽고 싶다는 사람을 상담한 적이 있다. 그의 아버지는 지식인이었고 어머니는 음악가였다. 남들이 보면 유복한 환경에서 자란 남부러울 것 없는 히스토리를 지니고 있었다. 그는 글로벌 회사에서 일하고 있었으며 젊은 나이에 임원으로 승진해 높은 연봉을 받고 있었다. 하지만 그는 친구인 재벌가의 자제들과 자신을 비교했다. 친구들에 비해 한없이 초라한 자신을 보며 열등감을 느꼈고, 자기 삶에 대한 수치심을 키워왔던 것이다.

남들이 보기에 성공적인 삶이었다. 하지만 그는 친구들이 모두 강남의 넓은 아파트에 살며 값비싼 외제차를 끄는 데 반해 그러지 못한 자기 삶을 부끄러워했다. 외국 지사에서 머물길 원했으나 능력이 부족해 다시 한국으로 복귀한 이후 벗어나고 싶던 현실을 마주해야 했다. 하지만 괴로운 현실에서 벗어나는 것이 불가능하다고 생각한 그는 대신 자신으로부터의 도피를 생각했다. 어느 날 저녁 아파트에서 창밖을 내다보다가 떨어지고 싶다는 충동이 일어 두려움을 느꼈다고 한다.

미국 플로리다 주립대학교의 저명한 심리학자인 로이 보마이스터Roy Baumeister는 자살을 '자기로부터의 도피'로 개념화했다. 개인이 이루고자 하는 이상은 높지만 현실은 그렇지 못할 때 이상과 현실 사이에 괴리가 생긴다. 그리고 이상에 닿지 못하는 무능을 탓하며 자신을 비난하고 부정적인 자기 평가에 빠진다. 결국 이 고통스러운 생각과 감정에서 벗어나기 위해 자살을 시도한다는 것이다.

하지만 부정적인 자기 평가로 죽음을 생각하는 사람이 간과하는 사실이 있다. 우리가 소중하고 사랑받아 마땅한 이유는 돈이 많고 사회적 지위가 있기 때문만은 아니라는 점이다. 우리가 추구해야 할 삶의 가치와 목표가 꼭 돈과 사회적 지위일 필요는 없다. 삶의 이유는 수도 없이 많으며, 어떤 것이든 삶의 이유가 될 수 있다. 가족이나 친구, 종교, 취미, 반려동물 등 우리가 관계를 맺고 있는 것은 무엇이든 삶과 이어주는 통로가 된다.

손실로 인한 슬픔과 우울증도 자살을 생각하게 한다. 앞서 설명했듯이 슬픔은 상실에 대한 정상적인 반응이지만, 슬픔의 농도가 짙어져 우울증이 되면 삶은 절망으로 흐른다. 실제로 중앙심리부검센터의 보고서에 따르면 자살 사망자의 73.6퍼센트가 우울증이었다고 한다. 이처럼 우울증은 자살과 뗄 수 없는 관계다.

우울증에 걸리면 어두운 터널에 갇힌 듯한 절망감을 느낀다. 이를 '터널 비전'이라고 하는데, 감당하기 어려운 정도의 손실을 입은 경우, 암담한 현실에서 벗어날 수 있는 유일한 방법이 자살이라고 생각할 수도 있다. 하지만 실제로 차를 타고 터널을 지나다 보면 알수 있다. 맞은편에 보이는 출구를 통과하는 것이 터널을 벗어날 수있는 유일한 방법은 아니라는 사실을 말이다. 터널 중간중간 위기상황이 발생했을 때 벗어날 수 있는 비상구가 있다. 앞길이 막혀 있거나 상황이 여의치 않다면 들어왔던 길로 되돌아가도 된다.

혹시라도 불안, 공포, 수치심과 죄책감, 슬픔과 우울 때문에 죽고싶다는 생각이 든다면 당신이 해야 할 일은 자신을 혼자 두지 않는것이다. 사람은 혼자 있을 때 자신의 감정이나 생각이 타당한 것인지 검증할 수 있는 방법이 없다. 자신이 느끼는 수치심이나 죄책감이 타당한지, 아무리 자기 자신과 얘기해봐도 메아리처럼 똑같은소리만 울려 퍼질 뿐이다. 그것이 타당하지 않아도 이렇게 증폭된내면의 목소리 때문에 감정은 더욱 진해지고 생각은 확고해진다.그래서 우리는 자신의 감정과 생각을 검증해줄 수 있는 타자가 필요하다.

누군가에게 자신의 상황이나 감정을 얘기하다 보면 복잡하게느껴지던 문제가 정리되는 경험을 하게 된다. 내가 했던 행동의 이유와 손실의 과정에서 마주했던 감정이 나에게 전하고자 했던 메시지가 무엇이었는지 알아차리게 될지도 모른다. 막연하게 절망적으로만 느껴졌던 상황을 한 발자국 떨어져 바라보면서 잇고 있었던 삶의 다른 면을 떠올릴 것이다.

그 누군가가 가족이나 친구라면 좋겠지만, 그들에게 솔직하게 말할 자신이 없다면 상담사나 정신건강의학과 전문의를 찾아가는 것도 좋다. 그것도 부담스럽다면 자살예방상담전화(1577-0199)나 정신건강상담전화(1393)처럼 국가에서 운영하는 기관에 전화하는 것도 좋은 방법이다. 힘들 때 누군가의 도움을 받는 것은 전혀 부끄러운 일이 아니다. 스스로 자신을 보호할 수 없다고 생각되면 누구에게라도 도움을 요청해야 한다.

나도 손실에 대한 수치심과 죄책감이 감당할 수 없을 정도로 밀려들자 '죽고 싶다'는 말이 입에서 튀어나왔다. 하지만 정신을 차리고 보니 내 삶은 돈을 잃은 것 말고는 별로 달라질 게 없다는 사실을 깨달았다. 그리고 내 삶을 가득 채운 것처럼 느껴지던 손실을 걷어내고 보니 아직은 살 만하다고 생각하게 되었다. 나는 사랑하는 딸과 아내가 있고 나를 사랑하는 가족이 있다. 아직 해야 할 일이 있었다. 내가 잃은 것은 돈뿐이었으며 아직 잃지 않은 것이 더욱 많았다. 내가 해야 할 일은 잃은 것을 되찾는 것이 아니라 아직 잃지 않은 것을 지켜나가는 것이었다.

잘 살아보고자 했던 투자가 실패로 끝났을 때 우리는 돈을 잃고, 마음을 잃고, 가족을 잃고, 심지어 목숨까지 잃는 경우가 허다하다. 하지만 돈을 잃은 것에서 끝날지, 아니면 더 많은 것을 잃을지는 순전히 우리의 선택에 달려 있다.

차라리
신용 불량자가
되라

내가 코인 투자에서 벗어난 순간은 아이러니하게도 아내에게 거짓말을 할지 고민하는 순간이었다. 손실을 숨기기 위해 아내에게 투자 원금을 수익금이라 속이고 줄지 고민했던 순간, 내가 중독자가 되는 문턱에 서 있음을 직감했다. 만약 내가 그 문턱을 넘어 아내를 속이고 중독자의 길을 걸었다면 지금쯤 어떤 모습일까? 아마도 더한 손실에 허덕이면서 괴로워하고 있지 않을까.

당신이 지금 무리한 투자로 큰 손실을 입었거나 이미 손절 이후 이를 만회하기 위해 노력하는 중이라면 즉시 가족에게 알려야 한다. 물론 투자금이 자신이 감당할 수 있는 수준이며, 가족과는 무관하게 자신이 모은 돈이더라도 말이다. 투자를 하다 손실을 입으면 자신은 인정하지 않더라도 자존심에 상처를 입는다. 누구 하나 뭐라고 하는 사람도 없는데 자격지심 때문에 평상시라면 별것 아니었을 가족의 말이나 행동에도 공격적으로 대응하기 쉽다. 손실은 돈뿐 아니라 우리의 삶도 조금씩 갉아먹는다.

보통 거짓말은 나쁜 의도로 상대를 속이는 것이라고 생각한다. 하지만 아무리 선한 의도였더라도 상대가 속았다는 사실을 알고 불쾌해한다면 결코 선의의 거짓말이 아니다. 더군다나 상대의 기분이 불쾌한 것에 그치지 않고 재정 측면에도 영향을 줄 수 있다면 더 말할 것도 없다. 대부분의 거짓말은 선의로 포장되어 있지만 그것은 단지 자기를 보호하기 위한 핑계일 뿐이다. 손실을 경험하는 사람들이 하는 거짓말은 손실액을 실제보다 축소하거나 금방이라도 만회할 수 있는 것처럼 말하는 것이다. 그리고 투자 사실 자체를 숨기는 것도 거짓말이라는 사실을 인정해야 한다.

무리한 투자를 하다 손실을 본 경우, 대부분 자신의 실패를 인정하지 않는다. 아직 경기는 끝나지 않았으며 자신이 역전의 주인공이 되어 끝내 이기리라 확신한다. 그러니 아직 끝나지도 않은 경기 결과를 알려줄 필요가 없다며 자신을 속이는 것이다. 좋지도 않은 사실을 가족이나 배우자가 알아봤자 도움이 되지 않으며, 모르는

게 약이라고 생각할 수도 있다. 의도는 그렇지 않았겠지만 거짓말은 결국 자신과 상대를 궁지로 몰고 가는 덫이 될 가능성이 크다. 이런 사람을 신뢰 불량자라 할 수 있다.

은행에서 돈을 빌린 뒤 상환 만기일을 지키지 못하고 상습적으로 채무를 불이행하면 신용 불량자가 된다. 그러면 은행은 더 이상 돈을 빌려주지 않고 거래를 끊는다. 가족도 마찬가지다. 가족에게 상습적으로 거짓말을 하면 신뢰가 무너져 콩으로 메주를 쑨다 해도 믿지 않는다. 신뢰 불량자가 되면 거래가 아닌 관계가 끊긴다.

신뢰가 무너져 관계가 끊긴다는 것은 거래가 끊기는 것보다 더욱 치명적이다. 신용 불량자는 개인 회생이나 파산 등 국가에서 구제하기 위해 제공하는 법적, 제도적 도움을 받을 수 있다. 심지어 개인의 재정 상황에 따라서는 원금과 이자를 감면받기도 한다. 이처럼 자신이 빌린 것보다 덜 갚아도 신용은 회복된다. 하지만 신뢰는 다르다. 단 한 번의 거짓말이라고 할지라도 상대가 신뢰를 의심하게 되면, 수십 번 진심을 표현해야 신뢰를 회복할 수 있다. 그러니 신용 불량자가 될지언정 신뢰 불량자가 되어선 안 된다.

빚투가
성공할 수 없는
이유

평소에 모아놓은 여유 자금으로 투자한 경우라면 상실의 강을 건너기만 하면 되지만, 손실을 만회하기 위해 빚을 낸 경우라면 상황이 다르다. 만약 당신이 빚을 내 투자하고 있다면 그건 더 이상 투자가 아닌 투기라는 사실을 명심해야 한다.

많은 이들이 수치심에서 벗어나기 위해 손실을 만회하려고 한다. 몰래 투자를 감행하다 돈을 잃은 사실을 가족이나 아내가 알게 되었을 경우, 자신에게 쏟아질 비난과 버림받을지도 모른다는 두려움 때문이다. 그리고 자신의 투자 기록을 복기하며 매수와 매도 타이

밍을 조금만 달리했다면 얻었을 수익을 생각한다. 이제 분석한 내용을 바탕으로 다시 투자한다면 원금을 회수할 수 있을 거라고, 잘하면 수익까지 낼 수 있을 거라 확신한다. 돈만 있으면 돈을 벌 수 있을 것 같은데 돈이 없으니 은행에 가서 돈을 빌리는 것이다.

십분 양보해 1금융권은 대출을 신청하는 사람의 재정 상태와 신용도를 바탕으로 대출 한도가 결정되기에 큰 문제가 되지 않는다고 치자. 하지만 문제는 이미 1금융권 대출이 있으며 이마저도 손실로 날려버린 경우다. 대출받은 돈마저 투자 손실로 잃어버린 경우에는 더 이상 이를 만회하려고 해서는 안 된다. 1금융권 대출이 어렵다면 손실을 깨끗이 인정하고, 투자로 돈을 벌 수 있는 능력이 없다는 사실을 받아들여야 한다. 은행에서 대출을 더 이상 해주지 않는 이유는 단 한 가지뿐이다. 바로 돈을 빌려줘도 돌려받을 수 있다는 보장이 없기 때문이다. 그럼에도 손실을 만회하기 위해 2금융권이나 카드론 또는 일반 사채를 쓰면 문제가 더욱 심각해진다. 이미 대출받은 돈까지 잃었기 때문에 손실을 보전하기 위해서는 더 큰 투자금이 필요하다. 하지만 대부분 1금융권만큼의 돈을 빌릴 수 없어 한 방을 노리며 더 위험한 종목에 투자할 수밖에 없다. 그리고 높은 이자율 때문에 하루하루 불어가는 상환액을 보면서 빨리 손실을 만회해야 한다는 조바심이 생길 것이다. 이쯤 되면 너무 불안해 한시도 시세 창에서 눈을 뗄 수 없다. 매수해 놓은 것의 가격이 조금만 떨어져도 초조한 마음에 견딜 수 없는 지경에 이른다. 그러니 아무리 많은 시간을 투자에 쏟아붓는다고 하더라도 손실을 만회하는 것이 거의 불가능하다. 이처럼 '반드시 만회해야 한다'는 당위적 사고는 이성적 판단을 불가능하게 만들고, 이 때문에 더욱 큰 손실을 보는 경우가 대부분이다.

실제로 2015년에 자살과 연관된 경제적 요인에 대한 연구에서, 일반 사채나 카드 빚이 있으면 그렇지 않은 경우에 비해 자살을 생각할 가능성이 2.2배 높다는 결과가 나왔다. 그러니 자신의 자산 규모나 상환 능력에 따라 대출을 받을 수는 있지만 그 한도를 넘어서 사채나 카드 빚까지 쓰면 손실의 늪에 빠져 희망을 잃어버릴 가능성이 크다. 당부컨대 카드 빚과 사채는 절대 쓰지 않도록 하자.

깔끔하게
돈만
잃는
방법

투자에 실패해 돈을 잃었다면 우리가 해야 할 일은 손실의 늪에서 빠져나와 상실의 강을 건너는 것이다. 손실은 투자자 혼자만의 문제가 아니라 가족에게도 큰 영향을 미친다. 따라서 가족이 상실의 강을 잘 건널 수 있도록 하는 것도 우리의 몫이다. 그러려면 그들의 감정에도 귀를 기울이고 나로 인해 입은 상처가 치료될 수 있도록 최선을 다해야 한다.

물론 가족의 분노와 비난을 견디는 것은 결코 쉬운 일이 아니다. 날 선 비난의 말을 쏟아내지 않는다고 하더라도 말투와 눈빛을 통해 그들이 느끼는 감정을 마주하게 된다. 어떤 이는 차갑고 냉담한 태도를 보이며, 아무렇지 않게 당신이 잃어버린 것들을 늘어놓으며 책임을 추궁할 수 있다. 또 어떤 이는 마음이 데일 듯 뜨거운 분노의 말을 쏟아낼 수도 있다. 그 말들이 낙인처럼 가슴에 박혀 당신을 아프게 할 것이다. 하지만 가족이 당신을 비난하고 책임을 추궁하는 이유는 그들 역시 아프기 때문이다. 간혹 가족의 비난이 과한 것처럼 느껴질지도 모른다. 그건 그만큼 상실로 인한 아쉬움과 고통이 크다는 반증이다. 우리는 그들이 겉으로 뱉어내는 말이 아닌, 마음에 주의를 기울여야 한다. 그러다 보면 그들의 진심이 보이고 공감할 수 있게 된다.

하지만 대부분은 가족의 감정을 견디지 못한다. 분노에 찬 그들의 시선과 원망의 목소리를 담아내지 못하고 "내가 나 혼자 잘살자고 그런 거야?", "이게 그럼 전부 내 책임이라는 거야?"라고 말하며, 가족이 느끼는 감정의 책임이 나에게 있지 않다고 항변한다. 처음 한두 번은 미안함을 표현하지만 며칠만 지나도 "내가 미안하다고 하지 않았느냐"며 오히려 목소리를 높인다. 급기야 나 때문에 발생한 교통사고인데, 사고 현장에 래커 칠을 하며 선을 긋고 상대방도 과실이 있다고 우기는 사람처럼 행동한다. 그러면서 도대체 언제까지 비난을 들어야 마땅한지 따지려 든다. 이렇게 책임 소재를 놓고 따지고 서로를 비난하다 보면 신뢰를 잃고 가족 관계마저 상실하게 된다.

그러지 말자. 내 감정도 인정받길 바라듯이 상대방도 자신의 감정에 대해 인정받길 바란다. 단돈 몇 만 원이 든 지갑을 잃어버려도 좋은 소리를 듣지 못하는데, 그보다 훨씬 큰돈을 잃고 왔는데 좋아할 사람이 어디 있겠는가. 내가 분노의 감정을 표현함으로써 돌이킬 수 없는 상황임을 받아들였듯이 가족도 마찬가지로 나에게 화를 내고 원망을 표현해야 한다. 그래야 투자 실패의 현실을 받아들일 수 있다. 게다가 가족은 잘못이 없지 않은가. 모두 내가 해서 벌어진 일이다. 어찌 보면 그들은 나보다 더 억울한 처지에 있다. 그러니 가족의 비난과 원망의 횟수가 얼마나 되었는지, 시간이 얼마나 지났는지 따지지 말고 그들의 아픔에 공감하고 미안함을 표현하자. 누구나 감정을 정리하는 나름의 속도가 있는 법이다. 누구는 나보다 빨리 변해버린 현실을 받아들이는가 하면, 나보다 더 많은 시간이 필요한 사람도 있다. 그들의 속도 또한 존중해야 한다.

앞서 말했듯, 투자 실패자가 자신 때문에 비롯된 손실에 대해 책임 있는 모습을 보이는 것이 가족의 상실감을 극복하는 데 매우 중요하다. 가족 역시 힘들겠지만, 투자 실패자가 손실의 상처에서 빨리 회복해 일상으로 돌아올 수 있도록 도와주어야 한다. 그러기 위해서는 이미 발생한 손실에 대해 책임을 추궁하기보다 자신의 상실감을 표현하며 서로를 위로하기 위해 노력해야 한다.

손절한 날, 내가 어떻게 집에 돌아왔는지 제대로 기억나지 않는다. 내 모든 것을 빼앗아갈 것만 같은 위험한 세상으로부터 도망치듯 집에 왔던 것 같다. 아내는 내가 진짜로 손절했는지 물었고, 나는 그렇다고 대답했다.

지금 생각해보면 아내는 내가 얼마나 미웠을까 싶다. 처음에는 어떻게 할 거냐고, 당신이 그랬으니, 책임지라는 원망의 말을 내뱉었다. 누구나 그럴 것이다. 당신의 가족 중 한 명이 투자 실패로 돈을 잃고 온다면 그 상실에 대한 감정은 억울함과 분노 그리고 슬픔이 되어야 마땅하다. 그러니 그 감정을 충분히 표현해야 한다.

하지만 인연을 끊을 것이 아니라면 가급적 상대의 수치심을 자극하는 말을 하지 않는 것이 좋다. 수치심은 투자 실패라는 행위가 아닌 그 인간 자체에 대해 부정적인 평가를 할 때 발생한다. 예를 들어 '형편없는 인간'이라거나 '멍청한 사람', '가족에게 피해만 주는 쓸모없는 존재'라는 식의 말은 상처 난 부위를 후벼 파는 일이다. 손실을 경험한 사람은 그런 공격을 견뎌낼 힘이 없어서 반격하게 되어 있다. 오히려 화를 내거나 신경질을 부리고, 그런 비난이 지나치다며 따지려 들 것이다. 하지만 이것은 '지금은 그 말들을 견뎌낼 수 없으니 그만하라'는 말이라고 해석해야 한다. 반격하지 않고 가만히 듣고 있다면 그 말들의 독소가 퍼져 마음이 죽어가는 것이다. 반격할 힘조차 남아 있지 않을 때에는 자신의 저항이 무의미하다는 것을 학습한 것처럼 무기력한 모습을 보일 수 있다.

그러니 사람보다 손실 자체에 대한 평가를 하는 것이 현명하다. 투자 실패로 잃어버린 돈이 자신에게 어떤 의미가 있었는지, 그리고 그 의미가 사라진 것에 대한 아쉬움과 슬픔, 괴로움을 표현하는 것이다. 어떤 이에게는 집을 장만하기 위해 모아둔 돈이거나 어떤 이에게는 자녀의 교육을 위해 쓸 돈을 잃어버렸을 것이다. 나름의 목적과 의미가 있었던 돈이었는데, 돈과 함께 사라진 계획과 기회를 잃은 것에 대한 아쉬움을 나누는 것도 좋다.

시간이 흘러 원망의 마음이 조금 줄어든다면 상실의 강을 힘겹게 건너고 있는 이에게 위로의 말을 건넬 수 있으면 좋겠다. 손실을 만회해 보겠다며 투자를 계속하다 더 깊은 늪에 빠져 허우적거리고 있을 때 아내의 위로가 나를 건져냈다. '한번 잃어버린 것을 되찾는 것은 그렇게 쉬운 일이 아니라고, 그러니 너무 애쓰지 말라고, 돈보다 당신이 더 소중하다'는 말이 나를 다시 살게 했다. 이 몇 마디 말이 행위에 대한 책임을 져야 한다는 마음을 짓누르던 부담감, 그래서 크게 한숨을 쉬지 않으면 숨이 막히던 그 시간 속에서 나를 건져냈다. 돈도 중요하다. 하지만 우리가 잃지 않고 지켜야 할 가장 중요한 것은 바로 자기 자신과 가족이다. 그래야 손실을 딛고 다시 시작할 수 있다.

4장

손
실
을

딛
고

성
장
하
기

손실의
악몽에서
깨어나라

힘겹게 상실의 강을 건너 나는 조금씩 일상으로 돌아올 수 있었다. 이전처럼 가족에게 주의를 기울이고 업무에 집중하며 주어진 삶을 살아가면서 차츰 안정을 찾아갔다. 한 방을 기대하며 뭔가에 투자하지만 어느새 원금회복이 목표가 되어 있듯이, 나 역시 기존의 삶으로 돌아가는 것이 목표가 되었다. 많은 이들이 나처럼 만족스럽지 못한 삶에서 벗어나기 위해 일탈하지만, 결국 먼 길을 돌아 이전의 삶으로 돌아간다. 물론 이전의 삶으로 돌아가는 것 역시 쉽지만은 않다.

나는 완선하진 않지만 손실의 기억으로부터 조금씩 자유로워지고 있었다. 하지만 완전한 자유는 아니었다. 손실의 기억은 나를 놓아주는 것이 아쉬운지 잊을 만하면 찾아왔다. 코인의 시세 변동과 관련된 뉴스는 많은 사람의 관심사인만큼 보도량도 많았다. 점심을 먹으러 들른 식당에 있는 TV에서도, 카페에 앉아 얘기를 나누는 사람들의 입에서도 손실의 순간을 마주해야 했다. 그렇다고 TV를 끌 수도, 사람들의 입을 막을 수도 없는 노릇이었다. 단지 떠오른 기억이 어서 지나가길 바라는 마음뿐이었다.

떠올리고 싶지 않은 기억을 끄집어내는 것은 사람들의 입과 뉴스만은 아니었다. 가끔 꿈을 꾸기도 했는데, 어떤 날은 희미했지만 어떤 날은 선명했다. 하루는 꿈속에서 포탄이 떨어지고 총알이 날아다니는 전쟁터에 내가 서 있었다. 어떻게 이 난관을 헤쳐나가야 할지 고민하고 있었다. 그 순간 내 앞에 있는 딸아이를 발견했다. 어떻게든 딸을 숨겨야 한다고 생각했다. 어디 있는지 알 수 없는 적들에게서 딸을 지키기 위해 지하 벙커로 보이는 곳의 철판을 열고 딸을 숨겼다. 그 순간 꿈에서 깨어났다. 이처럼 나의 삶을 송두리째 흔들어놓았던 손실은 심리적 외상이 되어 내 마음에 흉터를 남겼다. 나는 그 흉터를 볼 때마다 시간 여행이라도 하듯 손실의 순간으로 돌아가 삶이 흔들리는 모습을 목격해야 했다. 꿈이라는 걸 알지만 마치 현실인 것처럼 고통스러웠다.

꿈이 가끔 영화처럼 느껴질 때가 있다. 감독, 시나리오작가도 없는데 완벽한 스토리와 연출로 마블 못지않은 스펙터클한 영화가 펼쳐진다. 꿈은 미지의 세계처럼 신비로워서 다양한 영화의 소재로 쓰이기도 한다. 내가 가장 감명 깊게 봤던 꿈에 대한 영화는 크리스토퍼 놀란 감독의 〈인셉션〉이다. 다른 사람의 꿈속에 들어가 하나의 '간단한 개념 one simple mind'을 주입함으로써 현실에서 그 사람의 생각이나 행동을 변화시킨다는 발상이 새로웠다. 그런데 그런 영화 같은 일이 현실에서도 벌어진다. 삶을 위협하는 트라우마를 겪은 사람은 꿈을 통해 그 사건을 다시 경험하는데, 꿈에서 깨어난 뒤에도 헤어나지 못하고 괴로워하는 것이다. 어쩌면 트라우마 사건이 인셉션처럼 마음에 'one simple mind'를 심어놓아서 우리의 생각과 행동에 영향을 미치는 것 같다는 생각이 들었다.

악몽은 우리가 지금 힘든 상황 속에 있다는 경고등 역할을 한다. 하지만 이미 날 힘들게 했던 일이 끝났는데도 계속 알람이 울리면 결국 그 기능을 상실한다. 우리에게 유용하며 필요한 이 경고등을 고치는 방법은 의외로 간단하다. 〈인셉션〉에서는 꿈과 현실을 구분하는 방법으로 팽이나 반지를 돌리는 방법을 이용했다. 이것들을 돌려서 멈추지 않고 계속 돌면 꿈이고, 돌다 멈추면 현실이라는 사실을 통해 꿈과 현실을 구분했다. 현실에서 가능한 것과 불가능한 것을 구별할 수 있다면 우리는 악몽에서 벗어날 수 있다.

딸아이도 어렸을 때 스트레스가 심하면 종종 악몽을 꾸곤 했다. 처음으로 어린이집이나 유치원에 가는 등 새로운 환경에 적응한다는 것은 어른에게도 버거운 일인데, 어린 나이에 말도 못하고 스트레스가 많았던 것 같다. 그렇게 힘든 날에는 누군가 쫓아오는 꿈을 꾸는지 "저리 가!"라고 소리 지르고, 도망치는지 허공에 발길질을 해댔다. 나는 자고 있다가 갑작스런 고함에 놀라 눈을 비비며 깨곤 했다. 그리고 악몽에 시달리며 괴로워하는 딸을 깨우기 위해 몸을 흔들었다. 딸아이는 꿈에서 깬 뒤에도 꿈과 현실을 구분하지 못한 듯 두려워했다. 아내와 나는 그런 아이를 안아주며 "괜찮아. 꿈이야, 그저 꿈일 뿐이야. 이제 아무 일 없어. 엄마 아빠가 네 곁에 있잖아"라고 말하며 안심시키곤 했다.

손실에 대한 악몽이 찾아오면 이렇게 말하자. "꿈이야, 그저 꿈을 꾼 것뿐이야. 이제 아무 일 없어"라고. 내가 극복해야 하는 건 결코 그날의 기억이나 고통이 아니다. 나의 돈이 사라진 것처럼, 그것은 이미 지나갔다. 이제는 아무런 영향도 미치지 못하는 기억에 지나지 않는다는 사실을 알아차린다면 더 이상 두려워할 필요가 없다.

알 수 없는
알고리즘
무시하기

트라우마의 또 다른 특징 중 하나는 침습적 반추다. 나의 의도와 상관없이 떠올리고 싶지 않은 기억이 자꾸 떠오르는 것을 침습적 반추라 한다. 나는 손절 이후 어느 정도 시간이 지났음에도 수시로 그날의 기억을 떠올렸다. 밥을 먹다가, 운전을 하다가, 또는 그냥 아무 생각 없이 앉아 있는데도 의지와 상관없이 떠오르는 기억을 막을 방법이 없었다. 느닷없이 폭락하는 시세 창, 투자금을 모두 잃을지도 모른다는 공포, 손절 이후 좌절감에 힘겨워하던 모습이 잔잔한 의식에 큰 파장을 일으켰다.

손실을 떠올릴 만한 단서나 사건이 없는데도 떠올리기 싫은 것이 왜 생각이 나는지 알 수 없었다. 특별히 자주 생각나는 시간대가 있는 것도, 장소가 있는 것도 아니었다. 유튜브의 추천 영상 알고리즘처럼 규칙이 무엇인지 도저히 알 수 없었다. 나는 종종 유튜브를 보다가 관심사도 아니며 이전에 본 적도 없는 영상이 추천 영상 리스트에 올라올 때마다 의문이 들었다. 하지만 꽤 높은 조회수에 나도 모르게 재생 버튼을 누를 때가 많다. 나 같은 사람이 많은지 영상 하단에 있는 댓글 창에서 가장 공감을 많이 받은 댓글은 '알 수 없는 알고리즘에 이끌려 여기에 왔습니다'였다. 공감을 누른 사람의 숫자는 많을 때는 수천 명에 이르렀다. 이들도 나처럼 자신의 관심사도 아니며 이전에 본 적도 없는 영상이 유튜브의 무의식에서 의식 수준으로 떠올랐을 때 자연스럽게 관심이 갔고, 플레이 버튼을 누른 것이다.

하지만 플레이 리스트에 있다고 무조건 봐야 하는 것은 아니다. 많은 이들이 미지의 알고리즘에 따라 떠오르는 영상의 플레이 버튼을 아무 생각 없이 누른다. 그렇게 자신의 의지와 상관없이 관심도 없는 영상에 시간을 보내는 경우가 많다. 그러다 어느 순간, '내가 왜 이걸 보고 있지'라고 생각하며 시간을 허비하는 자신을 보게 된다.

우리의 트라우마와 관련된 생각도 마찬가지다. 우리의 머릿속은 수많은 상념으로 가득 차 있다. 마음이 편안하고 고요할 때는 상념이 차분히 가라앉지만, 마음이 괴롭고 혼란스러울 때는 부유물처럼 떠다니며 마음을 어지럽힌다. 그때 떠오르는 것을 하나하나 붙잡고 재생 버튼을 누르기 시작하면 정작 현실에 집중하지 못하고 그 속에 갇힌다.

나의 의지와 상관없이 떠오르는 괴로운 기억으로부터 어떻게 하면 자유로워질 수 있을까? 바로, 생각이 떠올랐다고 모두 중요하고 의미 있는 것은 아니라는 사실을 기억하는 것이다. 생각이 떠올랐다고 재생 버튼을 누르고 거기 빠져들 필요도 없다. 그냥 그런 생각이 떠올랐나 보다 하고 스크롤을 올리면 그만이다. 그러면 자연스럽게 그 생각은 흘러가고 다른 생각이 재생 목록에 들어올 것이다.

또 다른 방법은 현실에 집중하는 것이다. 지금 내가 있는 주변 환경에 주의를 돌리자. 내가 누군가와 대화를 나누고 있었다면 다시 그 사람이 하는 말에 귀를 기울이면 된다. 혼자 있는 상황이라면 눈앞에 보이는 사물의 모양과 색깔, 앉아 있는 의자의 감촉을 느껴보자. 인간은 한 번에 두 가지를 생각할 수 없다. 다른 생각을 하면 자연스럽게 과거의 기억에서 벗어날 수 있다. 그러면 떠오르는 생각에 끌려다니지 않고, 고통스러운 과거의 기억에서 조금은 자유로워졌다는 것을 느낄 수 있다.

다들 말은
안 해도
손실을
안고
살아간다

떠올리고 싶지 않아도 불쑥 나를 찾던 손실의 기억은 차츰 희미해져갔다. 언제까지나 선명하게 남아 있을 것 같았지만 새로운 삶의 흔적이 쌓이면서 그 역시 무수한 과거의 순간으로 변했다. 날카롭게 찌르던 정서적 고통도 점차 무뎌졌다. 반갑지 않은 불청객도 매일 들이닥치다 하루 이틀 모습을 보이지 않으면 궁금해진다. 무슨 일이 있는 것은 아닌지, 지금쯤이면 와서 나를 힘들게 했을 텐데 왜 오지 않을까 하는 생각이 든다. 나에게 손실의 기억은 그런 불청객이 되어 있었다. 어느새 손실의 기억이 나를 찾기도 전에 그것을 떠올리고 있었다.

아내와 가끔 내가 입은 손실에 대해 얘기를 나누기도 했다. 처음에는 돈을 잃으면서 함께 상실한 것들이 주제가 되었다. 그동안 돈을 벌기 위해 노력했던 시간을 떠올리며, 아쉽지만 어쩔 수 없다는 푸념과 위로의 말을 서로에게 전했다. 그 돈이 있었다면 할 수 있었을 것들에 대한 얘기도 나눴다. 그렇게 한바탕 아쉬움을 표현하기도 했는데, 그 시간들이 마냥 부질없지는 않았다. 그 과정을 통해 우리가 삶을 계획하던 지난 시절에 대해 떠올렸고, 상황이 조금 바뀌기는 했지만 앞으로도 그렇게 살아가야 한다는 것을 알게 되었다.

이처럼 의도적으로 과거의 심리적 외상 사건을 떠올리는 것을 '의도적 반추'라고 한다. 의도적 반추는 어떤 일이 일어난 원인과 의미를 이해하기 위해 반복적으로 해당 사건을 생각하는 것을 말한다. 이는 외상 후 성장의 중요한 요인 중 하나로, 심리적 외상에서 회복하는 데 도움이 된다.

이후 나는 아내뿐 아니라 친구들과도 손실의 경험을 나누었다. 하루는 막역한 친구와 통화를 했다. 그는 멀리 떨어져 있어 가끔 얼굴을 보는 사이지만, 만나면 바로 어제 만난 것처럼 거리낌이 없는 친구다. 전화로 다른 친구 이야기를 하다가 최근 투자 실패로 돈을 잃은 사실을 털어놓았다. 그랬더니 친구는 웃으며 지금까지 내게 말은 하지 않았지만 본인도 주식 투자로 몇 년간 고생했다는 얘길 전했다. 물론 지금도 손실은 현재진행 중이라며, 투자했던 주식이 상장폐지된 얘기와 손실이 심했을 때 자신도 죽고 싶었다고 했다. 친구와 대화를 나누면서 누구나 말은 하지 않지만, 저마다의 손실을 가슴에 안고 있는 것은 아닐까 하는 생각이 들었다. 그 과정에서 내가 생각하지 못했던 손실의 의미와 삶을 바라보는 새로운 시각을 갖게 되었다.

상실은 비단 돈을 잃는 것에 국한되지 않는다. 우리는 살면서 많은 것을 잃는다. 지금까지 살면서 잃어버린 것을 떠올려보니 수도 없이 많았다. 중학교 2학년 때, 새로 산 자전거를 하루 만에 잃어버린 적도 있었다. 아버지께서 큰맘먹고 레스포에서 나온 21단 신상 자전거를 사주셨다. 초등학교 2학년 때 중고 두발자전거가 생긴 이후, 처음으로 생긴 새 자전거. 아침 일찍 광이 번쩍 나는 새 자전거를 타고 집을 나섰다. 기분 탓인지 오르막길도 전혀 힘들지 않고 쌩쌩 달려 기분 좋게 학교에 도착했다. 자전거 보관대에 새 자전거와 함께 사은품으로 받은 자물쇠를 걸어놓고 교실에 들어갔다. 자전거가 잘 있나 하는 마음에 점심시간에 나가보니 그사이 감쪽같이 사라지고 없었다. 내 눈을 의심했다. 그때는 값도 얼마 나가지 않는 자전거를 왜 그렇게 훔쳐가는 사람이 많았는지. 억울했다. 어떻게 아버지 얼굴을 봐야 하나 걱정이 앞섰다. 물론 내 잘못은 아니었다. 자물쇠를 걸어놓는 것보다 안전하게 자전거를 보관하는 방법은 없었기 때문이다. 그렇다고 교실까지 자전거를 가지고 들어갈 수도 없는 노릇 아니겠는가.

이후로도 많은 상실을 경험했다. 연필이나 우산처럼 사소한 물건부터 사랑하는 연인과의 이별, 할머니와 외할아버지의 죽음까지. 상실은 대상과 시기만 다를 뿐 언제나 내 삶과 함께였다. 나는 무언가를 잃었을 때 언제나 그에 상응하는 감정적 대가를 지불하고, 그것 없이도 잘 지내는 법을 배워야 했다. 자전거를 잃어버렸을 때 억울함과 아쉬움을 뒤로하고 중고 자전거에 만족하는 법을 배웠으며, 사랑하는 이와 이별한 뒤 만나면 헤어지는 것이 인연이라는 것을 받아들여야 했다. 이번에 투자 실패로 돈을 잃은 것도 마찬가지다. 나는 그 돈이 없어도 잘 살아가는 법을 배워야 했다. 이처럼 상실이 우리 삶에서 보편적이고 필연적이라는 인식은 더 이상 손실의 기억을 피하지 않고 마주하는 데 큰 도움이 되었다.

이후 손실의 경험에 대해 글을 쓰기 시작했다. 내가 마주한 순간과 손실의 과정을 떠올리며 손실의 원인과 의미에 대해 찾아갔다. 물론 손절 직후에도 억울함과 손실을 만회해 보고자 하는 마음에 손실의 원인을 찾으려고 필사적으로 기억을 더듬기도 했다. 하지만 글을 쓰는 시점에는 그때처럼 손실을 돌이키거나 만회하고 싶은 심정은 아니었다. 이미 투자 실패 역시 내 삶의 일부라고 인정했으며 다시 그런 일이 내 삶을 흔들지 못하도록 하기 위해서였다.

투자를 시작할 당시 나는 몹시 불안했다. 나름 안정적인 삶을 살고 있었지만, 현재에 만족하면 안 된다고 생각했다. 모두 자기만의 속도로 삶을 살아간다는 것을 인정하지 않았다. 현실에 안주하는 순간 남들보다 뒤처질지도 모른다는 두려움에 위험천만한 모험을 한 것이다. 어느 정도 시간이 지나 그때의 나를 바라보니, 나를 조급하게 만들었던 것은 두려움이었다는 것이 선명하게 보였다.

불안과 두려움 위에 세워져 있던 신념과 가치관은 일순간 무너져 내렸다. 지금까지 행복은 일정한 조건에 이르면 주어지고, 그 조건을 충족시키기 위해 노력하는 것이 인생이라고 생각했다. 예를 들어 많은 사람이 생각하는 여유로운 삶의 조건에 이르면 지금까지 그림자처럼 달고 살았던 걱정과 근심이 사라지고 행복해진다는 것이다. 하지만 사실은 그렇지 않았다. 돈을 잃고 나서도 행복한 순간들은 사라지지 않았다. 모든 것을 파괴할 것만 같은 전쟁 속에서도 생명이 태어난다. 폐허 속에서도 꽃이 피듯, 불행의 한복판에서도 웃을 일이 있었고 행복한 순간을 만날 수 있었다. 예전에 나를 웃게 했던 개그 프로그램은 여전히 재미있었고, 딸아이의 커가는 모습을 바라보는 것은 어떤 순간에도 감동이었다.

그렇다. 행복은 조건이 아니라 삶의 방식과 태도의 문제다. 따라서 조건을 갖추기 위해 고군분투하거나 위험을 무릅쓴 모험을 할 필요가 없다. 삶을 살아가는 방식과 태도는 당장이라도 변화시킬 수 있으며, 따라서 내가 처해 있는 조건이나 무엇을 얼마만큼 가지고 있느냐와 상관없이 우리는 행복할 수 있다.

투자 실패라는
수업에서
배워야 할 것

사람은 잘 변하지 않는다. 타고난 기질과 자라면서 형성된 성격 모두 잘 변하지 않으니, 기질과 성격을 바탕으로 작동하는 사람이 변하지 않는 것은 어찌 보면 당연하다. 기질과 성격은 일종의 소프트웨어다. 프로그래밍된 방식에서 벗어나는 경우는 거의 없으며, 간혹 그런 경우가 있더라도 어느새 이전 삶의 방식으로 돌아가게 마련이다. 하지만 죽을 것 같은 고통을 맛보거나 실제로 죽음을 눈앞에 둔 경우라면 얘기가 달라진다.

세상에 어떻게 이런 일이 가능할까 싶은 사연을 들어보면 대부분 심각한 질병이나 사고를 당한 경우다. 이들은 지금껏 옳다고 믿어왔던 신념과 삶의 방식이 자신을 행복하게 만들기는커녕 절망과 불행으로 밀어 넣을 수 있음을 알게 된 것이다. 그래서 지금까지 살아온 방식은 옳지 않다거나, 굳이 그럴 필요가 없다는 것을 깨달은 후 새로운 삶을 선택한 것이다. 마치 기존에 설치되어 있던 소프트웨어를 포맷하고 새로운 소프트웨어를 설치하는 것처럼.

내 삶도 변하고 있었다. 삶을 송두리째 뒤흔든 손실을 겪은 이후, 내가 가지고 있던 삶에 대한 신념과 가치관은 무너져내렸다. 나는 낡고 쓸모없는 것들이 무너져버린 자리에 새로운 삶의 방식과 태도를 쌓아 올렸다. 이처럼 심리적 외상을 극복하는 과정에서 상처를 치유하고, 이에 더해 긍정적 변화를 경험하는 것을 외상 후 성장이라고 한다. 실제로 외상 후 스트레스 장애를 겪은 사람들을 대상으로 연구한 결과, 많은 이들이 외상 사건 이전의 기능 수준을 회복할 뿐만 아니라 역경이나 시련의 결과로 긍정적인 심리적 변화를 경험한다. 무쇠는 화덕에 달구고 망치로 두드려 담금질하는 과정을 통해 단단해지듯이, 우리의 삶도 아픈 시련을 통해 더욱 단단해진다. 이를 통해 세상과 삶을 바라보는 시각이 달라지고 삶의 방식이 변한다.

나는 먼저 투자를 하게 된 이유를 생각해봤다. 무엇을 위해 모아 놓은 돈을 들고 코인 판에 뛰어들었던가. 그 이유는 바로 행복이었다. 가진 것이 더 많아지면 지금보다 더 행복해질 수 있을 거라고 생각했다. 행복이란 측정과 비교가 가능하다고 생각한 것이다. 하지만 현재에 만족하지 못하고 더 행복해지기 위해 시도한 위험천만한 모험은 늪에 빠지고 급류에 휩쓸리다 심리적 외상만 남기고 끝났다.

하지만 잃은 것만 있는 것은 아니다. 많은 이들이 손절하면서 '수업료 낸 셈 치겠다'고 한다. 어떤 사람들은 손실이라는 수업을 통해 무언가를 얻어간다. 그들은 손실을 배움에 대한 마땅한 대가라고 생각한다. 하지만 어떤 이들은 너무 비싼 수업료를 낸 것에 대한 억울함과 분함을 표현한다. 그들은 마치 자신이 세상 물정을 몰라 사기를 당했다고 생각한다. 하지만 내가 볼 때는 그들의 억울함과 분함은 돈을 잃어서가 아니라 잃은 것에 비해 얻은 것이 없기 때문이다.

'투자의 귀재'라고 불리는 워런 버핏은 지난 2000년부터 빈민을 돕기 위한 목적으로 '버핏과의 점심'이라는 자선 행사를 하고 있다. 자신과의 점심 식사를 경매에 붙이고 낙찰된 돈을 기부하는 것이다. 경매는 온라인 경매업체 이베이를 통해 2만 5,000달러부터 시작하며 가장 높은 금액을 부르는 이에게 낙찰된다. 우리가 생각할 때 아무리 유명한 사람이라지만 우리 돈으로 3,000만 원부터 시작되는 경매가는 터무니없이 비싸게 느껴진다. 하지만 많은 이들이 경매에 참여하며 2019년에는 54억 원에 낙찰되기도 했다. 이는 세상에서 가장 비싼 수업료임에 틀림없다. 물론 그 돈을 지불할 능력이 있는 사람이라면 이미 충분한 부자일 텐데, 그들은 무엇 때문에 기꺼이 그 돈을 내면서 워런 버핏과 점심 식사를 하는 것일까. 워런 버핏이 족집게 과외 선생님도 아니니 투자 종목을 추천받아 점심 식사로 지불한 돈보다 더 많은 수익을 얻기 위함은 분명 아닐 것이다. 그들은 워런 버핏에게 삶의 교훈, 다시 말해 삶에 대한 태도와 방식을 배우기 위해 돈을 투자하는 것이다.

2007년에는 미국의 전문 투자자인 가이 스피어와 모니시 파브라이가 7억 원의 돈을 주고 버핏과 점심 식사를 할 기회를 얻었다. 그들은 버핏에게서 얻은 교훈을 세 가지로 정리해 소개했다. 교훈은 '매사에 진실해라', '아니라고 말하는 걸 어려워하지 마라', '좋아하는 것을 해라'였다. 이 교훈은 이미 많은 이들이 알고 있는 단순한 삶의 방식이었지만 버핏이 말했기에 특별한 것이다. 그는 돈으로부터 자유로운 사람이며 무엇보다 행복한 사람이기 때문이다. 돈에서 자유롭다는 것은 단지 돈이 많다는 의미가 아니다. 그는 자신이 가진 것과 상관없이 검소한 생활을 하며 재산의 80퍼센트를 기부한다. 어쩌면 많은 이들이 그 많은 돈을 주고서라도 버핏에게 듣고 싶은 이야기는 '돈을 버는 방법'이 아니라 '행복하게 사는 법'인 것 같다. 행복은 아무리 많은 돈을 지불하더라도 살 수 없기 때문이다.

나는 나의 손실에 대해 생각해보았다. 내가 투자한 목적은 행복한 삶이었다. 따라서 손실을 경험했지만 이를 통해 행복하게 사는 삶의 방식과 태도를 배운다면 나의 투자는 성공한 것이라는 결론에 이르렀다.

돈만으로는 우리를 결코 행복하게 해주지 못한다. 돈 자체는 아무런 효용 가치가 없기 때문이다. 다만 이 돈을 사랑하는 사람들과 함께하는 즐거운 시간과 교환하고, 내가 좋아하는 일과 교환하며, 의미 있는 일과 교환하는 것이다. 그럼으로써 우리는 행복의 순간을 만난다. 하지만 다시 생각해보자. 사람들과 즐거운 시간을 보내고, 좋아하는 일을 하고, 의미 있는 일을 하는 것은 돈 없이도 얼마든지 할 수 있다. 나는 이번 손실로 이처럼 흔들리지 않는 교훈을 얻었다. 이 교훈은 심리적 외상이 남긴 상처와 함께 평생 나와 함께할 것이다. 나는 말하고 싶다. 내가 잃은 돈은 행복을 위한 투자였으며, 이는 일생 동안 행복이라는 놀라운 수익을 안겨줄 것이라고 말이다.

한계에
부딪혀야
한계를
돌파할 수 있다

사람들은 한계에 부딪히는 경험을 원하지 않는다. 한계에 부딪혔을 때 느껴지는 무력감과 패배감이 유쾌하지 않기 때문이다. 하지만 우리의 바람과 상관없이 살다 보면 나의 한계를 마주해야 하는 순간을 만난다. 나에게는 손실의 경험이 그랬다.

한계를 극복하기 위해서는 일단 한계에 도달해야 한다. 하지만 한계에 도달한다는 것은 결코 만만한 일이 아니다. 예전에 국가 대표 운동선수들이 훈련하는 모습을 본 적이 있다. 그들은 의도적으로 자신을 한계상황으로 내몰았다. 먼저 심장이 터질 듯 빠른 속도로 몇 분간 러닝머신 위를 달렸다. 힘겨운 달리기가 끝나자마자 러닝머신에서 내려와 바로 5킬로그램짜리 바벨을 양손에 든 채 머리 위로 힘차게 올렸다 내리기를 60회 반복했다. 이렇게 한 세트가 끝나면 다리가 풀리고 주저앉고 싶을 텐데, 2세트와 3세트를 이어갔다. 중간에 한계를 만나면 옆에 있던 코치가 우렁찬 목소리로 '더 더더'를 외쳤다. 그때가 바로 한계를 만나는 지점이며, 그 지점을 지나는 순간이 새로운 나이테가 그려지는 시점이다. 우리 또한 그렇게 성장한다.

나는 심리학을 전공했지만 감정에 서툴다. 조금만 불쾌한 감정을 만나도 그것이 무엇인지 들여다보려 하지 않고 짜증을 내거나 피해 버리기 일쑤였다. 물론 그렇다고 무턱대고 화부터 내지는 않았지만 일이 내 뜻대로 풀리지 않으면 짜증이 났고, 다른 사람을 이해하려 하기보다 상대의 잘못을 지적하고 비난하곤 했다. 한마디로 불쾌한 감정을 참아내는 능력이 부족했다.

나는 손실의 과정에서 이전이라면 어떻게 해서든 피하고 말았을 감정들과 합숙 훈련을 했다. 성난 파도처럼 몰려드는 감정으로부터 도망갈 곳은 없었다. 훈련은 그저 시간이 흐른다고 끝나는 것도 아니었다. 그 감정들은 내게 전하고자 하는 메시지를 알아내기 전까지 나를 놓아주지 않았다. 어떤 날은 한 가지 감정에 사로잡혀 있기도 했고, 어떤 날은 여러 가지 감정이 동시에 찾아왔다. 예전이었다면 나의 감정을 주변 사람에게 전가하고 내 것이 아닌 것처럼 행동했겠지만 이번에는 그럴 수가 없었다. 손실로 찾아온 고통은 오롯이 내 책임이었기 때문이다. 수치심이나 자책감은 실력은 좋지만 자비심 따위는 없는 트레이너처럼 내가 힘들어 하는 것에는 신경도 쓰지 않았다. 더 이상 견딜 수 없을 듯한 순간까지 감정의 무게를 늘려갔으며, 나는 그 무게에 깔리지 않기 위해 혼신의 힘을 다해야만 했다. 그저 시간이 흘러 이 지독한 훈련이 끝나기를 바라는 마음뿐이었다. 한 세트의 훈련이 끝나면 잠깐의 휴식이 주어졌지만 감정을 채 추스르기도 전에 다음 세트가 기다리고 있었다.

처음에는 너무 감당하기 버거웠던 감정이, 시간이 지나면서 조금씩 편안해지는 것을 느꼈다. 내가 견딜 수 있는 한계치라고 생각했던 지점은 어느새 시작점이 되어 있었으며 이런 과정을 통해 한계는 확장되어갔다. 멀리서 오는 기척만 들려도 문을 꽁꽁 잠그고 싶었던 감정들이었는데, 나중에는 기꺼이 마음을 열고 주의를 기울였다. 도대체 하고 싶은 말이 무엇이기에 나를 찾는지. 한꺼번에 모든 감정을 처리할 수는 없었지만 불안과 공포, 분노, 수치심과 자책감, 슬픔이 내게 전하고자 하는 메시지를 하나씩 풀어나갔다. 마침내 힘겨웠던 합숙 훈련은 끝이 났다. 나는 확장된 한계와 함께 이전보다 조금 더 성장한 나를 만났다. 그리고 기존에 그려놓았던 한계선은 나이테처럼 과거 나의 부족함의 흔적으로 변했다.

성장을 추구하지만 고통은 회피하는 것이 인간이다. 그렇기에 성인이 된 이후에는 성장을 경험하기 쉽지 않다. 국가 대표는 자신이 도달하고자 하는 뚜렷한 목표와 국가를 대표한다는 자부심 그리고 나에게 국가의 위상이 걸려 있다는 책임감으로 그 힘든 과정을 참아낸다. 우리는 어떤가? 한 번뿐인 인생, 즐거운 일만 찾아다니기에도 시간이 모자란데, 자신을 힘들게 할 이유가 없다고 생각한다. 그래서 스스로 자신의 한계를 좁혀나간다. 사람들과의 관계에서 발생하는 사소한 트러블이나 감정적인 마찰은 자세히 들여다보지도 않고 대충 넘겨버린다. 또는 남 탓을 하며 다른 이에게 감정을 떠넘기고, 그 사람이 풀지 못하면 '거봐, 내 문제가 아니라 네 문제였던 거지'라며 책임을 회피한다. 그러다 투자 실패나 금전적 손실처럼 거대한 삶의 문제에 부딪히면 그제야 자신이 어떤 사람이었는지 직면하게 된다. 엄격, 근엄, 진지한 밑바닥의 감정들을 마주하며 찰나도 영원처럼 느껴지는 고통의 순간을 통해 성장한다. 스스로 규정해났던 자신의 한계는 그저 책임을 회피하기 위한 핑계에 불과했음을 인정하고, 조금 더 책임감 있는 모습을 보이는 것이다.

슬퍼보니
슬픔이
보이네

힘 들었지만 무거운 감정을 견뎌냈던 훈련의 성과는 삶의 다른 부분에서도 효과를 발휘하기 시작했다. 바로 사람을 대하는 태도가 변한 것이다. 아내에게 손절 이후 내가 변한 점이 무엇인지 물으니, 예전보다 내가 옳다고 주장하는 일이 줄어들었다고 한다. 그리고 사소한 일에도 감동을 잘 받고 눈물이 많아졌다고 말했다. 한 마디로 공감 능력과 연민이 증가한 것이다.

나는 항상 내가 옳은 사람이었다. 자신에게는 관대하지만 남에게는 엄격한 사람이 바로 나였다. 옆에 있는 사람이 얼마나 힘들었을지 생각하니 아내와 딸에게 미안한 마음이 든다. 그때의 나는 속도와 효율성이 중요했다. 일이 빨리빨리 진행되지 않는 것을 참지 못했고, 쓸데없이 시간을 낭비하는 것에 화가 났다. 경쟁에서 뒤처지고 싶지 않았으며 그러기 위해서는 빨리빨리 원하는 것이 진행되어야 했다.

하지만 인생이라는 경주에서 빨리 가고 싶은 마음에 무리수를 두다, 경기장 한복판에서 멈춰 서게 된 후 속도는 그리 중요한 것이 아님을 깨달았다. 삶은 남들과의 경쟁에서 이겨야 하는 경주가 아니라 그저 자신만의 속도로 출생에서 죽음에 이르기까지의 여정이라는 것도. 그러니 속도와 효율성을 따질 필요가 없으며 오히려 어떤 순간에는 차를 멈춰야 할 때도 있다. 계기판에 경고등이 들어오면 일단 멈춰서 어디가 고장 났는지 보닛을 열어젖히고 꼼꼼히 살펴야 한다. 정비하는 동안에는 멈춰 있음에 조급해하기보다 자신을 둘러싸고 있는 것들에 눈을 돌리는 여유를 부려도 괜찮다. 그리고 즐거운 여행을 위해서는 성능이 좋은 스포츠카보다는 가족이 모두 앉을 수 있는 세단이면 충분하고, 무엇보다 좋은 관계가 필수 요소다.

하지만 내 삶의 방식은 전혀 달랐다. 쓸모의 유무에 따라서 대화에 참여했다. 그러니 퇴근 이후 아내가 전하는 사소한 일상은 관심 밖이었다. 내심 중요한 얘기도 아닌데 왜 저렇게 쓸데없는 이야기를 늘어놓는 것인지 모르겠다고 생각했다. 내게 묻는 이야기에 건성으로 대답했는데, 그럴 때면 아내는 무슨 대화를 일 처리 하듯 하느냐는 푸념을 늘어놓았다. 그렇게 점점 아내와의 관계는 정서적으로 단절되어갔다.

나는 아내의 감정에는 무관심하고 냉담했다. 그녀의 감정에 대해서도 나의 관점에서 그것이 정당한지 판단할 뿐이었다. 하지만 손실 이후 내 감정에 대한 깊이 있는 탐색과 대화를 마치고 나자 아내의 감정에 마음이 갔다. 그동안 내가 얼마나 목적지향적 삶을 살았는지 생각하니 후회가 밀려왔다. 아내는 일상의 사소함을 전달하고자 했던 것이 아니라 단지 그것을 매개로 나와 함께하는 시간을 갖고 싶었던 것이다. 아이에 대한 걱정을 표현하는 것은 문제를 해결해달라는 요청이 아니라, 우리 모두 걸어본 적 없는 부모라는 초행길에서 느끼는 두려움을 인정받고 싶어 하는 것이었음을 알게 되었다. 그때 나는 "아직 일어나지도 않은 일인데, 왜 그렇게 걱정을 사서 하느냐"며 핀잔을 주곤 했다. 단지 아내의 이야기를 들어주고 "그럴 거 같아"라고 한마디 하면 되는데 그것을 해주지 못했다. 내가 힘들어보니 이제야 아내가 얼마나 힘들었을지 알 것 같았다.

나는 이제 아내와 시시콜콜한 일상을 나눈다. 오늘은 무슨 일이 있었고 점심에 먹었던 음식이 어땠는지 등 목적 없는 이야기를 통해 의미를 만들어가고 있다. 아내의 이야기를 들으면서 혹시 나에게 전하고 싶은 감정이 무엇인지 살피려고 노력한다. 그러다 아내의 감정에 닿을 때 그녀와 정서적으로 연결되어 있음을 느낀다.

아내와의 관계 변화와 함께 내게 찾아온 변화는 연민이다. 누군가의 고통을 보고 함께 아파하는 것을 연민이라고 하는데, 내가 예전보다 눈물이 많아진 것은 어쩌면 타인의 고통을 회피하지 않고 바라보기 때문인 것 같다. 나는 심리학을 전공하고 임상심리학을 하면서 주로 병원에서 사람들을 만나왔다. 그들은 마음의 병을 안고 병원을 찾는다. 나에게 그들의 증상은 함께 아파해야 하는 것이 아니라 평가의 대상이었다. 심리 평가를 통해 어떤 증상인지 정확하게 진단해야 그에 맞는 치료가 이루어질 수 있기 때문이다. 물론 직장인을 대상으로 심리 상담을 하면서 기존의 판단적인 태도에서 그들의 마음을 공감하려는 태도로 조금씩 바뀌고 있지만 여전히 나는 판단적이었다. 가끔 그들의 이야기를 들으면서 눈물 흘릴 때도 있었지만, 그들의 이야기가 특별히 비극적이거나 고통스러웠기 때문이 아니었다. 그럴 때는 그들의 이야기가 나의 이야기인 경우였다. 잊고 있던 나의 아픔이 누군가로 인해 떠올랐을 때에만 연민의 감정이 작동했다.

우리는 가끔 주변에서도 고통스러운 순간을 지나고 있는 이들을 만난다. 그들은 우리의 동료이기도 하고, 우리의 가족이기도 하고, 나 자신일 때도 있다. 나는 더 이상 일상에서 만나는 사람들의 고통을 외면하지 않는다. 그렇다고 그들을 위해 특별한 무언가를 하는 것도 아니다. 내가 상실의 강을 건널 때 가장 힘이 됐던 것은 그저 묵묵히 내가 상처를 회복하고 일어설 때까지 지켜봐준 사람들의 인내였다. 손실의 고통은 온전히 내 것이기에 누구도 대신해줄 수 없다. 그렇기에 '어쩌다 그런 일을 겪었니, 참 안됐다'라는 동정의 말이 아니라, 누군가의 고통을 외면하지 않고 믿고 기다려주는 연민의 마음이 필요하다.

나는 이제 힘겨워하는 누군가를 만나면, 나를 대하듯 그들을 대한다. 가끔 운전을 하다 길에서 불친절한 이들과 마주치게 된다. 마치 누구에게 쫓기듯 액셀을 밟으며 위험한 질주를 하는 이들을 보며, 예전 같았다면 "저런 사람들은 사고가 나봐야 정신 차릴 텐데"라며 악담을 했을 텐데 이젠 그렇지 않다. 부디 불안에서 벗어나 마음의 안정을 찾을 수 있길 빌어준다. 그리고 믿어본다. 시간이 지나고 감정의 파고가 잦아들면 그들 역시 나처럼 괜찮아질 수 있을 거라고. 그들의 힘겨운 마음을 헤아릴 수 있기에, 그리고 그들 역시 누군가의 소중한 사람일 테니까.

손실의
끝에서
다시
시작하는 법

하루는 퇴근하고 집에 들어서는데, 내가 퇴근하기만을 기다렸다는 듯이 딸아이가 뛰어왔다. 그리고 내 품에 안겨 울기 시작했다. 몇 달 전부터 집에서 키우던 열대어 네 마리 중 한 마리가 죽은 것이다. 딸아이는 배를 뒤집은 채 수면 위에 떠 있는 물고기를 발견하자마자 대성통곡했다고 한다. 울면서 몇 번이고 "언니가 잘 돌봐주지 못해서 미안해"라며 물고기의 죽음에 대해 자책하고, 하염없이 흐르는 눈물로 슬픔을 표현했다. 안타까운 마음에 옆에서 아무리 네 탓이 아니라고 달래주었으나 소용없었다. 어른의 눈에는 흔한 물고기의 죽음이고, 마트에서 몇 마리 사서 보충하면 그만인데 저렇게 서러울까 싶었지만, 딸아이에게는 크나큰 상실이었다. 때 묻지 않은 순수한 슬픔이란 이런 것일까 하는 생각이 들었다. 한참을 울다가 딸아이가 말했다.

"아빠, 물고기는 죽으면 더 좋은 곳으로 가는 거야? 우리도 언젠가는 죽고, 우리도 더 좋은 곳으로 가는 것처럼?"

딸아이는 물고기의 죽음을 받아들이기 위해 죽음으로 인한 상실을 끝이 아닌 새로운 시작으로 재정의했다. 그리고 사람들도 언젠가는 죽는 것처럼 물고기 역시 예정되어 있던 죽음을 맞이한 것일 뿐이라고 자신을 위로했다. 누가 알려준 것도 아닌데 한바탕 울고 나더니 상실을 수용하고 스스로 자기를 위로하고 있는 것이다. 나는 아이가 상실을 대하는 방식에 대해 놀랐고, 또 슬픔을 딛고 일어서는 모습에 뭔지 모를 뭉클함이 느껴졌다. 어쩌면 우리도 어린 시절부터 숱한 상실과 이별을 경험하면서 그것을 대하는 방법을 이미 배웠는지 모른다. 그렇지 않았다면 수없이 많은 상실을 뒤로하고 어떻게 지금에 이르렀겠는가. 그렇게 우리는 상실과 실패의 경험을 딛고 성장해온 것이다.

나는 언젠가부터 실패와 실수가 두려웠다. 그로 인해 잃어버리게 될 것보다 주변의 평가가 더욱 불안하고 힘들게 했는지 모르겠다. 하지만 이번 경험을 통해 알게 된 것은, 상실은 누구나 경험하는 보편적 현상이며 자연스러운 삶의 일부라는 사실이다. 그리고 무언가를 상실했다는 사실보다 중요한 것은, 그 과정을 통해 진정 잃어버리지 않아야 하는 것이 무엇인지 배우는 것임을 알게 되었다.

나는 지금까지 실패를 만회할 수 있는 방법은 실패했던 것에 끊임없이 도전하는 것이라고 생각했다. 시험에 떨어졌다면 또다시 시험을 보는 것, 돈을 잃었다면 잃은 돈을 되찾는 것. 그래서 내가 포기하기 전까지 아직 실패한 것이 아니라고 자신을 설득하며 어리석은 도전을 이어갔다. 물론 내게 잃은 돈을 만회할 수 있는 충분한 경험과 능력이 있었다면 반대로 현명한 대처였을지 모른다. 하지만 내게는 그런 경험과 능력이 없었다. 실패를 인정하고 그것을 만회하길 포기한다는 것은 상당한 용기가 필요했다. 하지만 이미 내 손을 떠나버린 것을 놓치지 않기 위해 꼭 쥐고 있던 손을 펴자 새로운 가능성을 마주할 수 있었다. 처음에는 공허함과 허탈한 심정이 나를 채웠지만 한참을 슬퍼하고 나니 '진짜 내가 원하는 것이 무엇인가?'라는 질문을 만나게 되었다.

마음이 힘든 사람들을 상담하면서 알게 된 것 중에 하나는, 그들에게 가장 힘든 일은 상담실 의자에 앉는 것이라는 사실이다. 상담실에 오기 위해서는 먼저 자신에게 문제가 있다는 사실을 인정해야 한다. 그리고 그 문제를 혼자서는 해결할 수 없으니 다른 사람에게 도움을 청해야 한다는 것을 받아들여야 한다. 그것은 자신의 무능을 인정하고 혹시 모를 주변의 부정적 평가를 견뎌야 하는 것을 전제로 하기에 무척 힘든 일이다. 하지만 이런 자존심 상하는 일을 견뎌내야 비로소 진정한 자존감에 닿게 된다. 내가 진정 원하는 것, 내 삶을 의미 있게 해줄 수 있는 일이 무엇인지 고민하다 보면 자신의 존재와 마주하게 된다.

나는 상실의 강을 다 건너갈 무렵, 내가 진정 원하는 것이 무엇인지 스스로에게 질문해보았다. 이 질문에 답하기 위해서는 내가 살아온 날들을 돌아봐야 했다. 대학교에 입학해 심리학 개론을 듣던 그날부터 지금에 이르기까지 내가 해오고 있는 일은 사람의 마음을 이해하고 그들을 도와주는 것이다. 아픈 마음으로 병원과 상담실을 찾는 사람들, 마음의 길을 잃고 헤매고 있는 그들과 동행할 때 내 삶이 의미 있었다. 삶의 힘겨움으로 자살을 생각하는 사람을 돕기 위해 교육 프로그램을 개발하고, 이 프로그램이 많은 사람에게 도움이 될 수 있도록 교육할 때 마음이 풍요로웠다.

과거를 돌아보며 내가 진정 원하고, 의미 있는 일이 무엇인지에 대한 답을 찾고 나자, 짙은 후회가 밀려왔다. 나는 무엇을 위해 그렇게 무모한 투자에 뛰어들었던가. 후회의 시간을 지나 다시 의미 있는 삶으로 돌아가겠다고 결심했다. 그래서 이 글을 쓰고 있다. 나처럼 쓰라린 실패의 경험으로 힘들어하고 있을 이들이 조금은 수월하게 상실의 강을 건널 수 있도록. 그리고 좌절의 끝은 희망의 시작과 뫼비우스의띠처럼 이어져 있다는 사실을 말해주고 싶었다.

이렇게 끝이라고 생각했던 지점에서 나는 다시 시작하고 있다. 인생은 우주와 같다. 우리 눈에 끝이라고 보이는 것도 다가가면 시작점이 된다. 그리고 끝없이 팽창하는 중이다. 그러니 하나의 사건, 한순간에 인생이 결정된다는 생각은 얼마나 어리석은가. 한 번의 실패는 우리 삶의 자서전에서 한 문단 끝에 있는 마침표에 불과하다. 그러니 엔터를 치고 다음 문단을 써내려가면 된다. 다만 마침표를 찍을 때까지 얼마나 힘든 순간들을 지나쳐야 했었는지 잊지 말자. 그리고 다음번에는 부디 실패가 아닌 성공의 마침표를 찍을 수 있길 간절히 바라본다.

5장

로
리
스
크
하
이
리
턴,
행
투
하
라

행복,
얼마면
되니?

퇴근하고 저녁을 먹기 위해 식탁에 앉아 있는데, 딸아이가 다가와 아빠 힘내라며 안마를 해주었다. 조그만 손으로 어깨를 주무르는데, 이제 제법 커서 손에 힘이 느껴졌다. 얼마 되지 않는 시간이었지만 피로가 싹 가시는 듯했다. 돈을 잃고 한창 우울한 시기였는데 아빠를 생각하는 마음이 기특하고 고마웠다. "우리 딸 너무 고마워. 아빠가 용돈 줄게"라며 지갑에서 지폐 한 장을 꺼내 아이에게 건넸는데, 한사코 받기를 거부했다. 돈을 주겠다는 나의 손길을 피해 이리저리 도망 다니다 대뜸 소원이 하나 있다고 말했다. 소원이 뭐냐고 물으니 "우리 가족 오래오래 행복하게 사는 것"이라는 대답이 돌아왔다. 장난감을 사달라는 얘기일 줄 알았는데, 방심하고 있다가 한 방 얻어맞은 기분이었다.

아이 앞에서 힘들어하는 모습을 보이지 않으려고 애썼는데, 어린것이 아빠가 돈을 잃고 힘들어하는 것을 눈치챈 것은 아닌지 당황스러웠다. 나는 "그래 알았어, 고마워"라고 대답하고는 소파에 주저앉았다. 숨기려고 해도 숨길 수 없는 게 가난이라더니, 내 마음의 빈곤함을 딸에게 들킨 것 같아 부끄러웠다. 다양한 감정이 한꺼번에 몰려들어 나도 모르게 눈시울이 붉어졌다. 아이가 한 말을 곱씹다, 내가 추구해야 할 것이 돈이 아니라 행복이라는 사실을 깨달았다. 그것이 원래 내가 원하는 삶이었고, 무엇보다 내 아이가 원하는 삶이기 때문이다.

그날 저녁 잠자리에 들기 위해 침대에 누워 도대체 '행복'이란 무엇일까 생각해보았다. 나는 언제 행복을 느꼈던가. 기억 속에 존재하는 행복의 순간을 떠올려보았다. 천진난만하던 어린 시절 걱정 따위 접어두고 밤이 어두워지도록 아이들과 놀던 일, 3년간의 병원 수련을 마치고 취직한 것, 결혼한 뒤 그토록 바라던 아이가 태어났던 그날. 돌이켜보니 내가 경험했던 행복의 순간은 모두 돈으로 살 수 없는 것들이었다.

다른 이들은 어떠한가? 아는 동생들에게 물으니 한 명은 처음으로 혼자 제주도 여행을 다녀왔던 순간이라고 답했고, 또 한 명은 퇴근 후 가족과 저녁 식사를 하면서 아들 녀석이 술 한잔 따라줄 때라고 답했다. 이처럼 개개인이 느끼는 행복의 모습은 제각각이며 모두 나름의 행복을 추구하면서 살아가고 있다.

일리노이대학교 심리학과 교수인 애드 디너 Edward Francis Diener는 행복을 '주관적인 만족감'이라고 정의했다. 여기서 중요한 것은 '주관적'이라는 것인데, 누가 뭐라고 해도 내가 좋으면 그만이라는 뜻이다. 그리고 '만족감'은 행복을 측정할 수 있는 절대적 조건이 존재하는 것이 아니라 스스로 자신이 처해 있는 상황이나 조건을 얼마나 만족하느냐에 따라 달라진다는 것이다.

불교에서는 행복을 '괴로움이 없는 상태'라고 정의하며, 이 괴로움은 욕심 때문에 발생하는 것으로 본다. 따라서 자기 능력에 맞지 않는 욕심을 부리기보다 지금 가지고 있는 것에 만족하는 삶이 바로 행복이라고 말한다. 동서양에서 말하는 행복의 정의는 다른 듯하지만 결국 같은 말을 하고 있다. 기대와 바람, 욕망의 크기를 줄이고 가지고 있는 것에 대한 만족을 통해 행복에 이를 수 있다는 것이다. 물론 행복한 삶을 산다는 것은 간단한 듯하면서도 어려우며 지속적인 노력이 필요하다.

하지만 일반적으로 사람들은 기대와 바람, 욕망의 크기를 줄이기보다 그것을 충족시키는 방법으로 행복을 추구한다. 그러다 보니 돈이 필요하다. 다들 행복을 사기 위해 돈을 벌고 있다. 사람들이 생각하는 것처럼 투자에 성공해 많은 돈을 벌면 정말 행복해질 수 있을까?

돈이 행복에 미치는 영향에 대한 연구는 이미 여러 차례 이루어졌다. 2010년 프린스턴대학교에서 이루어진 연구를 살펴보면, 연간 수입이 7만 5,000달러까지는 수입이 증가함에 따라 행복도 증가하지만 그 이상이 되면 수입과 행복의 상관관계는 멀어진다고 한다. 2010년 미국의 1인당 GDP는 약 5만 달러였으니, 이보다 1.5배 정도까지는 수입이 증가할수록 행복도 증가할 것이라고 예상할 수 있다. 하지만 그 이상이 되면 수입의 증가만큼 행복이 커지는 것은 아니라는 뜻이다.

연구 결과를 우리나라에 적용해보자. 2019년 우리나라 1인당 GDP는 약 3만 2,000달러로, 이 금액의 1.5배인 4만 8,000달러까지는 수입이 증가할수록 행복이 증가한다는 뜻이다. 하지만 그 이상이 되면 가성비가 점점 떨어질 거라고 예측할 수 있다. 우리나라 돈으로 환산하면 연 소득 5,500만 원까지가 행복과 상관관계가 성립하는 금액이다. 생각보다 많지 않은 액수에 놀란 사람도 있을 것이다. 이러한 연구 결과에도 우리는 더 많은 돈을 원한다. 대박을 꿈꾸며 코인과 주식, 부동산에 투자한다. 그리고 퇴근길에 복권을 산다. 물론 돈이 없는 것보다야 많은 것이 좋다. 그래야 원하는 것을 살 수 있으며 인생의 선택지 또한 다양해진다. 문제는 다른 사람과 자신을 비교하며 조급하고 불안한 마음에 무리한 투자를 감행하는 것이다. 그러다 보면 오히려 수익을 내기는커녕 손실을 보는 경우가 많기 때문이다.

자, 행복한 상상의 나래를 펼쳐보자. 여러분이 투자한 코인과 주식이 대박 난 것이다. 3억 원을 투자했는데 온갖 호재가 겹치더니 몇 주 사이에 수익률이 1,000퍼센트가 되었다. 투자한 돈이 순식간에 10배로 불어나면서 30억 원이라는 돈이 수중에 들어왔다. 요즘 사람들에게 경제적 자유인이 되기 위해 필요한 돈 또는 부자의 기준이 대략 30억 원 정도라는 설문 조사 결과를 본 적이 있다. 드디어 그토록 바라던 경제적 자유인이 된 것이다. 여러분은 과연 이전보다 행복해질 자신이 있는가? 대부분 많은 돈이 생겼는데 행복하지 않으면 이상한 거 아니냐고 생각할 것이다. 하지만 우리의 예상과는 다르게 로또 당첨 등으로 갑작스럽게 부를 거머쥐게 된 이들의 행복감은 1년 정도 지속되다 점점 감소하는 것으로 나타났다. 결국에는 로또에 당첨된 적이 없는 일반인들과 큰 차이가 없었다. 이러한 결과는 미국, 영국, 네덜란드 등 연구가 이루어진 모든 나라에서 비슷했다. 이를 심리학에서는 '쾌락 적응hedonic adaptation'이라고 한다. 이는 아무리 좋은 일이 일어나도 거기에 금세 익숙해지는 인간의 심리적 특성을 가리킨다. 몇 년 동안 영혼까지 끌어모아 투자를 하고, 갖은 고생 끝에 강남 한복판에 있는 고가 아파트에 입주한다고 치자. 처음에는 드디어 목표를 이루었다며 기뻐하고 더없는 행복을 느낄 것이다. 하지만 행복의 유효기간은 그렇게 길지 않다. 짧으면 몇 주, 길어야 몇 달이 지나면 그 상황이 당연한 듯이 여길 것이다. 행복의 유효기간이 지나면 또다시 행복을 선사해줄 무언가를 찾아야 한다.

우리나라에서는 오히려 로또에 당첨된 이후 삶이 더욱 불행해진 이들의 이야기가 뉴스에 보도되기도 했다. 당첨금을 누가 가지느냐를 가지고 부부가 소송전을 벌이다 이혼하는가 하면, 돈을 보고 몰려든 사람들에게 사기를 당하기도 하고, 잘 다니던 직장을 관두고 흥청망청 돈을 쓰다 결국 빚더미에 오른 사람까지 그 모습 또한 다양하다. 결국 행복은 로또 당첨 유무에 따라 결정되는 것이 아니라 그 사람이 로또 당첨 전에 얼마나 행복했느냐에 따라 달라졌다. 로또 당첨 이전에 불행한 삶을 살았던 사람은 큰돈이 생겨도 금세 불행해졌으며, 당첨 이전에 행복했던 사람은 당첨 이후에도 여전히 행복한 삶을 살아간다. 따라서 행복은 가지고 있는 자산의 규모에 따라 결정되지 않고 삶의 방식과 태도에 따라 결정된다는 결론에 이르게 된다.

로 리스크
하이 리턴,
행투하라

다행스럽게도 행복은 과거에 어떤 고난과 역경을 겪었는지 따져 묻지 않는다. 우리가 지난날 아무리 많은 것을 잃었을 지라도, 상실에 대한 감정적 대가를 지불하고 그 경험이 주는 의미를 알아차린다면 기회는 얼마든지 있다. 연구 결과에 따르면 우리나라 성인의 70퍼센트가 넘는 사람들이 살면서 삶의 위기에 맞닥뜨린다고 한다. 그 경험으로 자신을 지탱하고 있던 삶이 뒤흔들리고, 파도처럼 밀려드는 정서적 고통으로 힘겨운 시간을 보낸다는 것이다. 어떤 이들은 사람을 잃고, 어떤 이들은 건강을 잃기도 한다. 심각한 자연재해나 범죄 피해를 당할 수도 있다. 중요한 것은 그럼에도 그들 중 상당수는 다시 회복한다는 것이다. 피하고 싶은 고통스러운 자기감정과 마주하고, 힘겹지만 외상 사건이 자신에게 어떤 의미였는지 끊임없이 반추하는 과정을 통해 그들은 다시 일어선다. 그리고 부정하고 싶었던 자신을 긍정하고 이전보다 깊이 있는 대인 관계를 통해 삶의 의미를 더해간다. 그렇게 지난 상처가 남긴 흉터를 딛고 새로운 삶을 살아가고 있다. 이처럼 잃어버린 것을 만회할 수 없을지라도 행복은 만회할 수 있다.

이제 그동안 붙잡고 있었던 손실에 대한 기억을 떠나보내고 다시 행복을 위한 투자를 시작할 때다. 당신이 생각하는 행복이 무엇이든 투자에서 가장 중요한 것은 바로 나 자신이다. 주변을 보면 돈도 많고, 괜찮은 직장에 다니며, 대인 관계도 좋아 보이는 사람들이 있다. 하지만 남부러울 것 없어 보이는 이들 중에도 속을 들여다보면 불행한 사람이 많다. 기대와 바람의 크기가 너무 커서 현실 속 자신을 초라하게 생각하는 경우다. 이상과 현실의 괴리 속에서 괴로워하는 사람은 남들 보기에 아무리 좋아 보여도 행복할 수 없다. 그래서 가장 중요한 투자 종목이 바로 '나' 자신이다. 행복한 삶을 위해서는 자신을 진정 사랑하고 긍정할 수 있는 사람이 되어야 한다.

행복은 언제나 현재에 있기에, 우리가 투자해야 할 또 다른 종목은 '현재'다. 우울은 지나가버린 과거에 대한 후회와 자책이며 불안은 다가오지 않은 미래에 대한 걱정과 염려다. 우울과 불안이 현재에 머물지 못하도록 우리를 잡아끌더라도 온전히 현재에 머물 수 있어야 행복을 느낄 수 있다. 또한 지금 아무리 행복할지라도 이 행복이 지속되리라는 보장은 없다. 한마디로 행복은 저축이 불가능하다. 따라서 우리가 끊임없이 벌어들여야 하는 것은 돈이 아니라 '행복'이다.

마지막으로 행복에 이를 수 있는 가장 확신한 종목인 '관계'에 투자하라고 말하고 싶다. 이는 여러 연구 결과를 통해 입증되었을 뿐만 아니라, 우리는 삶을 통해 경험적으로 관계의 중요성에 대해 알고 있다. 가족이나 친구, 동료들과 좋은 관계를 맺는 것만큼 우리에게 의미 있고 즐거움을 선사하는 일은 드물다. 또한 예상치 않은 불행이 덮쳤을 때 공감과 위로를 해줄 사람 역시 바로 그들이다. 그러니 부디 '관계'를 위한 투자에 소홀하지 않길 바란다. 우리는 꼭 소중한 것을 잃은 뒤에야 그것이 얼마나 큰 의미였는지 깨닫는다. 지난 경험을 통해 똑같은 실수를 반복하지 않는 리스크 관리가 행복을 위한 투자에서도 무엇보다 중요하다.

위에서 말한 세 가지, '나', '현재' 그리고 '관계'에 투자하는 것은 지난날 우리의 투자처와는 완전히 다른 것들이다. 우리는 지금까지 물질적 자산을 늘리기 위해 '부동산', '주식', '코인' 등에 투자했으며 남들보다 앞서가려는 욕심에 '하이 리스크, 하이 리턴'을 노리다 손실을 입었다. 하지만 물질적 자산의 증가가 행복을 담보하지 않기에 행복을 위한 투자는 달라야 한다. 위에서 말한 '나', '현재', '관계' 이 세 가지는 리스크가 매우 적으면서, 지속적으로 행복이라는 수익을 제공할 수 있는 '로 리스크, 하이 리턴' 종목이다. 지금부터 투자 종목별 투자법에 대해서 알아보자.

CEO
리스크
관리하기

투자에서 가장 중요한 것은 무엇일까? 좋은 투자처를 보는 안목과 시련에도 흔들리지 않고 자신의 신념을 지켜나가는 것 등 중요한 요소는 수도 없이 많다. 하지만 가장 중요한 것은 리스크 관리가 아닐까 싶다. 내가 투자한 대상이 언제나 수익만 안겨주지는 않기 때문에 언제 찾아올지 모를 리스크를 확인하고 관리하는 것. 그래서 잃지 않는 투자를 하는 것이 좋은 투자다. 그렇다면 이런 관점에서 '나'에게 투자를 한다면 어떻게 리스크 관리를 해야 할까?

먼저 리스크가 무엇인지 정의하는 것부터 시작해보자. 우리 개개인은 '행복'을 생산하는 1인 기업이라고 볼 수 있다. 궁극적인 삶의 목적은 '행복'이기 때문이다. 사람들은 대부분 도달하기 어려운 경영 철학과 높은 품질 기준을 가지고 있다. 따라서 남들 보기에는 별문제 없어 보이는 제품조차 그 기준을 만족시키지 못해 '불행'이라는 꼬리표를 달고 폐기 처분된다. 때문에 투자 대비 생산 물량은 시원치 않고 만년 적자에 시달리는 중이다. 그럼에도 늦은 밤까지 야근을 하고 주말 특근을 마다하지 않는 경우도 있지만, 그런 생활에 지쳐 '이생망'이라는 현수막을 걸어두고 문을 닫는 사람도 한둘이 아니다. 결국 행복을 생산하는 '나'라는 기업의 가장 큰 리스크는 다름 아닌 '나'다. 생산된 '행복'을 소비하는 과정에서 얻어진 수익을 바탕으로 더 많은 '행복'을 생산해야 하는데, 오히려 그것을 스스로 막고 있는 경우가 많다.

행복을 느끼지 못하도록 자신을 방해하는 모습은 여러 가지 양상으로 나타난다. 가장 흔한 것이 지나치게 엄격한 잣대로 자신의 행위를 평가하고 자책하는 것이다. 남들에게는 한없이 관대하면서 자신에게는 엄격한 사람. 그런 사람들은 남들 보기에는 도덕적이고 훌륭해 보이지만 정작 스스로는 행복하지 못한 경우가 많다. 그들은 추구하고 있는 목표나 기준에 도달한 후에야 자신에게 보상을 준다. 만약 당신이 다니고 있는 회사가 매출 목표를 달성하지 못하면 급여를 주지 않는다고 생각해보자. 이런 회사에 참고 다닐 수 있겠는가? 애당초 그런 계약 조건이라면 거들떠보지도 않을 것이다. 만약 그런 회사에 다니고 있더라도 보상이 지급되지 않는 기간이 길어질수록 불만이 눈덩이처럼 쌓일 것이다. 결국 일에 대한 의욕은 떨어지고 머지않아 회사를 관둘 것이 분명하다. 그러니 나름대로 보상에 대한 기준이나 목표를 갖고 있어야겠지만, 자신에게 주어진 행복을 생산하는 일에 충실하다는 것만으로도 보상해주어야 마땅하다.

세상에 완벽한 삶이란 존재하지 않는다. 그러니 완벽한 삶을 추구한다면 우리는 언제나 기준 미달일 수밖에 없다. 물론 자신이 지나치게 높은 기준을 가지고 있다고 생각하는 사람은 많지 않다. 다들 행복하려면 최소한 이 정도는 있어야 한다고 말한다. 이 말은 이상형이 뭐냐는 질문에 '착하고 이쁘고 성격 좋은 사람, 너무 평범하죠?'라고 답하는 것과 같다.

너무 엄격한 기준으로 행복 여부를 판단하면 결국 자신을 무능력하고 형편없는 존재로 인식할 것이다. 이런 경우 자신감을 상실하고 자존감 역시 곤두박질할 것이 자명하다. 파괴적인 자기 충족적 예언은 언제나 소름 끼치게 정확하며 시간이 지날수록 불행의 악순환에 자신을 가두게 된다. 물론 자기 삶과 수행에 대한 자기 평가는 필요하다. 실수나 실패의 경험이 있었다면 잘못한 부분이 무엇이었는지 살펴보고 반성해야 한다. 하지만 대부분 이런 사람들은 과거의 실패에 매달려 앞으로 나가지 못하고 쓰디쓴 실패의 기억만 곱씹는다. 그러니 우리는 무엇보다 행복을 생산하는 데서 '나' 자신이 리스크가 되지 않도록 노력해야 한다.

행복을 느끼는 것을 방해하는 또 다른 리스크는 바로 자신을 남과 비교하는 것이다. 다른 사람이 나를 남들과 비교하면 자존심 상해하면서 정작 우리는 남들과 자신을 끊임없이 비교한다. 그리고 어느새 한없이 초라해진 자신을 보며 괴로워한다. 요즘 유행하는 SNS를 보고 있으면 나 빼고 모든 사람이 행복한 듯한 착각에 빠져든다. 드넓은 수평선이 내려다보이는 루프톱 수영장이 딸린 호텔에서 여유로운 휴가를 즐기는 사람들. 나는 돈이 없어서 엄두도 못 내는 고가의 물건을 은근슬쩍 자랑하는 모습을 보고 있으면 우리는 부러운 마음에 금세 패배자가 된다. 하지만 그들이 부럽다고 당장 휴가를 떠날 수도 없으며, 형편도 안 되는데 고가의 물건을 살 수도 없는 노릇이다. 만약 돈이 흘러넘쳐 날마다 그럴 수 있다고 해도, 쾌락 적응 때문에 어느 순간 그런 생활이 주는 만족감은 제로에 수렴할 것이다. 하지만 우리는 이런 사실은 간과하고 그저 눈에 보이는 수많은 이들의 행복을 바라보며 자기 행복의 기준을 지나치게 상향 조정한다. 이는 마치 달성할 수 없는 생산 목표를 설정하는 것과 같다. 자신에게 맞지 않는 목표 설정은 반드시 실패하게 되어 있다.

우리는 행복해 보이는 삶이 아니라 행복한 삶을 살아야 한다. 그러니 남들과 우리의 삶을 비교하지 말자. 불행해지는 가장 빠른 길은 비교라고 하지 않았던가. 삶에 대한 만족과 행복은 비교할 수 있는 것이 아니며 많은 사람이 간다고 꼭 옳은 길이라는 보장도 없다. '남의 행복'을 좇다 보면 정작 '나의 행복'과 삶은 잃어버리는 경우가 많다.

'남의 행복'을 좇는 이유는 내가 원하는 삶이 무엇인지, 내가 만들어내야 할 '행복'이 무엇인지 모르기 때문이다. 그럴 때는 슬퍼해야 한다. 자기 삶의 의미와 행복을 잃어버리고 다른 사람의 삶을 동경하며 기웃거리는 것은 충분히 슬픈 일이기 때문이다. 충분히 슬퍼했다면 자신에게 물어보자. 내가 뭘 할 때 행복한지, 그리고 언제 내 삶이 별처럼 빛났었는지. 답을 찾았다면 다시 자신만의 행복을 찾아 떠나면 된다.

행복을
잃지 않는
습관

현재 우리나라 국민의 기대 수명은 83세에 이른다. 10년 전에 비해 약 3년 증가했다. 이런 추이로 간다면 50~60년이 지나면 평균 수명은 100세에 이를 것이다. 이제는 단순히 오래 사는 것이 문제가 아니라 건강 수명을 어떻게 늘릴 것인지가 중요해졌다. '돈을 잃으면 적게 잃은 것이고, 사람을 잃으면 많이 잃은 것이고, 건강을 잃으면 전부를 잃는 것이다'라는 옛말도 있지 않던가. 그만큼 건강은 중요하며 '행복'을 추구하는 데 가장 중요한 요소기도 하다.

요즘은 취업을 준비할 때 지원할 회사를 고르는 기준으로 '복지'와 '워라밸'을 꼽는 사람이 많아졌다. 이전에는 얼마나 많은 급여를 주느냐가 좋은 회사의 기준이었지만 지금은 그렇지 않다. 사람들은 언제부턴가 급여가 아니라 지속 가능성을 따지기 시작했다. 불확실한 미래에 대한 불안감 때문이다. 그런 이유로 당장 받는 급여는 적지만 정년과 노후까지 보장되는 직장에 대한 선호도가 높아졌다.

우리가 행복을 생산하고 그것을 소비하는 데도 '지속 가능성'이 중요하다. 지속 가능성은 일상을 유지하는 데서 비롯된다. 인간은 항상 일정한 상태를 유지하려는 속성이 있다. 체온은 늘 36.5도 수준이고 체중 역시 일정하게 유지된다. 이런 항상성이 깨지면 병에 걸리게 된다. 병에 걸리면 삶의 반경이 줄어들고 온전히 삶에 집중할 수 없다. 오로지 병을 고치는 데 온 신경을 쏟아야 한다. 이는 생존과 관련된 문제이기 때문이다. 따라서 병든 상태에서는 '행복'을 추구하는 활동은 우선순위에서 밀리게 되어 있다. 물론 불치병을 앓으면서도 삶의 의미를 음미하며 행복을 느끼는 사람도 있다. 하지만 그것은 병을 고치기 위해 온갖 수단과 방법을 동원한 이후에야 돌이킬 수 없음을 받아들인 이들에게 비로소 주어지는 것이다. 그러니 우리는 아직 잃지 않은 건강을 유지하기 위해 노력해야 한다.

건강을 유지하는 데 가장 중요한 것은 움직이고, 먹고, 자는 것이다. 이것들은 생존에 가장 기본적인 요소다. 이런 기본 요소가 충족되어야 일을 하고, 사람들과 관계를 맺으며, 자신을 돌볼 수 있다. 물론 날마다 하는 일상적인 것을 한 번 거른다고 큰 문제가 되겠느냐고 생각할 수 있다. 맞는 말이다. 어쩌다 한 번이라면 큰 문제가 되지 않겠지만 이것들은 모두 습관이다. 운동 습관, 식사 습관, 수면 습관. 습관이라는 것은 어떤 행위를 오랫동안 되풀이하는 과정에서 저절로 익힌 행동 방식을 말한다. 오늘 운동을 하지 않는 사람이 내일 운동을 할 것이라고 기대하기 어렵다. 수면이나 식사역시 마찬가지다.

몸과 마음을 건강하게 하는 데 운동은 매우 중요한 역할을 한다. 운동을 하면 인간을 기분 좋게 해주는 세로토닌이나 도파민과 같은 신경전달물질이 분비될 뿐만 아니라, 신진대사가 활발해져 건강에 도움을 준다. 이런 이유로 우울증 환자에게 운동 처방을 내리기도 한다. 몸을 움직이는 것만으로도 우울한 기분에서 벗어날 수 있으며, 자기를 괴롭히는 생각에서 빠져나와 시시각각 변화하는 풍요로운 삶으로 들어갈 수 있다.

진화론적 관점에서도 인간은 끊임없이 움직이도록 설계되어 있다. 우리 조상들은 수렵과 채집 활동을 위해 하루에도 10~15킬로미터씩 걸어 다녔다. 우리의 뇌 또한 그런 움직임을 계획하고 실행하기 위해 더욱 커졌으며, 몸 역시 움직임에 최적화되어 설계되었다. 우리 몸은 달리기 위해 만들어진 자동차와 같다. 그런데 움직이지 않고 매일 주차장에 세워놓고 방치한다면 필요한 순간에 제 기능을 하지 못할 뿐 아니라 금방 고장 날 것이다.

노벨 생리의학상을 받은 엘리자베스 블랙번Elizabeth Blackburn 교수는 운동에 대해 이렇게 얘기했다.

"더 오래 살 수 있도록 해주며 고혈압과 뇌졸중, 심혈관 질환, 우울증, 당뇨병, 대사증후군 그리고 치매의 위험성을 낮춰준다. 심지어 부작용도 없는 약이 있다. 바로 운동이다."

당신이라면 위에 열거한 질병을 안고서도 행복할 자신이 있는가? 나는 솔직히 자신이 없다. 질병은 우리 마음을 갉아먹고, 질병에 맞서기 위해 깨어 있는 시간의 많은 부분을 할애해야 한다. 그러니 병이 들기 전에 운동을 시작하자. 단지 하루 20분 이상 꾸준한 운동을 하는 작은 습관만으로도 이전보다 건강해질 수 있다고 한다. 그렇다고 전문적인 트레이너의 도움을 받거나 꼭 무거운 아령을 들고 코어를 강화시키기 위한 운동을 해야만 하는 것은 아니다. 운동기구 없이도 할 수 있는 걷기나 뛰기 같은 유산소 운동을 하는 것만으로도 큰 도움이 된다.

이렇게 건강을 지키는 데 필수인 운동을 위해 필요한 것이 바로 음식을 먹는 것이다. 아무리 빠른 경주용 차라도 우승을 하기 위해서는 피트에 들어가 연료를 보충해야 한다. 우리는 끊임없이 움직이고 있다. 몸이 멈춰 있는 순간에도 뇌는 여전히 활발한 움직임을 보이며 공회전을 하고, 잠을 자는 순간에도 깨어 있다. 그런 이유로 규칙적으로 영양분을 보충하는 것은 우리 삶을 건강하게 유지하는 데 필수적인 활동이다.

우리는 가끔 아무 이유 없이 기분이 좋지 않고 신경이 날카로워지곤 한다. 그럴 때는 지금 배고픈 상태는 아닌지 살펴봐야 한다. 스니커즈라는 초코바 광고를 기억하는가? 해당 제품의 광고에서는 한 가지 카피를 10년 이상 활용하고 있는데, 바로 '출출할 때 넌, 네가 아니다'라는 카피다. 광고에서 주인공이 감정 조절을 하지 못하고 집중력이 떨어진 모습을 보일 때, 곁에 있던 친구가 "출출할 때 넌, 네가 아니야"라고 말하며 초코바를 주인공 입에 쑤셔 넣는다. 그러면 주인공이 갑자기 생기를 띠며 원래 모습으로 돌아간다는 내용이다. 우리는 맛있는 음식을 먹으면 기분이 좋아진다. TV에 먹방과 SNS에 맛집 사진이 많은 이유가 바로 이 때문이다. 또한 음식을 혼자 먹기보다 마음이 맞고 좋아하는 사람과 대화를 하면서 먹는다면 행복은 보장되어 있다고 봐야 한다.

마지막으로 운동만큼 중요한 것이 수면이다. 내가 일하고 있는 연구소에서 직장인의 건강검진 데이터를 분석한 결과, 하루 수면 시간이 7시간보다 지나치게 적거나 많으면 우울, 불안, 자살 위험등이 높아졌다. 수면의 기능은 생각보다 많다. 기본적으로 인간은 잠을 자도록 설계되어 있다. 우리 몸에는 생체 시계가 내장되어 있으며 때가 되면 잠을 자야 한다. 잠을 자는 동안 가장 중요한 기관인 뇌와 심장이 휴식을 취하고, 이런 과정을 통해 피로에서 회복되고 면역력이 유지된다. 정신적 측면에서 불필요한 정보들이 지워지는 망각이 일어나고 지난 시간의 기억이 정리되면서 내일을 살 수 있는 재정비가 이루어지는 셈이다.

이처럼 수면이 매우 중요한데 많은 사람이 인생의 3분의 1을 잠자는 데 사용하는 것을 매우 억울해한다. 잠이 많은 사람을 게으름뱅이 취급하며, 잠자는 시간을 줄여서라도 무언가를 이루기 위해 노력한다. 하지만 수면 박탈 실험으로 알아본 결과, 잠자는 시간이 줄어들면 주의력과 집중력이 떨어져 들인 시간만큼 성과를 얻기 힘들다. 또한 신경이 날카로워지고 감정 조절이 잘 되지 않는다. 이런 상태에서 '행복'을 느끼기는 어려울 것이다. 그러니 충분한 수면을 자신에게 허락하자.

넘치는
'자기애'로
행투하라

자기를 사랑하는 것을 심리학에서는 '자기애'라고 한다. 자기를 사랑하는 행위는 더없이 바람직하지만 해당 용어는 보통 성격 문제를 가지고 있는 사람에게 적용되는 경우가 많다. '자기애성 성격장애', '나르시시즘'이라는 용어는 자아도취에 빠져 있으며 타인의 고통에 둔감한 사람의 특성을 묘사하는 데 쓰인다. 이때 '자기애'는 타인과의 비교로 얻어지는 우월감을 뜻한다. 예를 들어 학창 시절 친구들에 비해 좋은 성적을 얻은 경우, 자신이 다른 사람들보다 공부를 잘하기 때문에 더 가치 있고 우월한 존재라고 느끼는 것이다. 하지만 이런 '자기애'의 근저에는 열등감이 자리 잡고 있다. 그렇기 때문에 자기보다 성적이 좋지 않았던 친구가 어느 날 본인보다 좋은 성적을 받으면 자연스럽게 열등감을 느끼면서 좌절할 수밖에 없다.

이런 사람들은 성인이 된 이후에도 비슷한 모습을 보인다. 남들보다 좋은 직장, 높은 연봉, 많은 자산을 과시하며 다른 사람을 무시하지만, 내면에는 자신보다 못한 사람이라고 평가했던 이들로부터 무시당할지 모른다는 두려움을 안고 산다. 그래서 남들이 볼 때는 충분히 훌륭한 조건인데도 끊임없이 더 많은 것을 얻기 위해 고군분투한다. 그들은 자신이 가진 것보다 가지지 못한 것에 주의를 기울이기 때문에 가진 것만큼 행복감을 느끼지 못한다.

자신을 사랑한다는 것은 누구와도 비교하지 않고, 있는 그대로의 자신을 인정하는 것이다. 하루는 딸아이에게 며칠 전에 읽었던 책의 맨 마지막에 나와 있는 낱말 퀴즈를 낸 적이 있다. 책 본문에 있었던 단어의 뜻을 듣고 무슨 단어인지 맞히는 문제였다. 물론 난이도는 매우 낮았다. 7문제 정도 있었는데, 한 문제 한 문제를 풀어나갈 때마다 목소리에 힘이 들어갔다. 딸아이는 마지막 문제까지 모두 다 맞히고 나서 거실에서 방방 뛰며 "내가 해냈다", "나는 천재다"라고 소리쳤다. 물론 퀴즈를 다 맞혔다고 '천재'라고 하기는 그렇지만 스스로 만족했으면 그만 아닌가. 그때의 모습은 '행복'

그 자체였다. 누구와의 경쟁에서 이겼기 때문에 자신을 칭찬하는 것이 아니라, 본인의 수행에 대해 만족했기 때문에 자신을 사랑하는 것이다.

우리는 어렸을 적 부모님이나 주변 사람들에게서 수도 없이 많은 칭찬을 들어왔다. 막 태어나서는 웃기만 해도, 돌이 지나면서부터는 걷기만 해도 '너무 사랑스럽고 대단하다'는 소리를 들었다. 그런 칭찬은 우리를 있는 그대로 사랑하게 했으며, 그런 사랑을 거름 삼아 행복을 꽃피웠다. 하지만 어느 순간부터 남들과 비교하면서 칭찬은 줄어들었으며 자신의 존재를 있는 그대로 소중하게 생각하는 자존감 역시 줄어들고 있다.

하지만 성인이 된 우리에게 어린 시절처럼 방귀만 뀌어도 '잘했다'는 칭찬을 들을 때는 맹장 수술이 끝났을 때뿐이다. 그렇기에 이제는 스스로 자기를 사랑할 줄 알아야 한다. 인터넷에서 어떤 사람이 스스로 자기 생활 계획표에 도장을 찍어주는 걸 본 적이 있다. 거기에는 매우 사소한 일상의 계획과 일정이 적혀 있었다. 예를 들어 7시 10분 기상, 9시 30분 출근, 11시 30분 보고서 제출 이런 시시콜콜한 계획이었다. 그 옆에 수행 결과란이 있었는데, 거기에 빨간 스탬프들이 잔뜩 찍혀 있었다. '이걸 해냄', '내가 해냄', '이게 되네'. 사소해 보이지만 자신이 계획한 대로 삶을 살아냈다는 칭찬의 메시지는 마치 행복을 찍어내는 스탬프처럼 보였다. 마지막 줄에 있는 보완 사항에는 '오늘도 열심히 살았다'라는 문구와 함께 '찢었다'는 스탬프가 찍혀 있었다. 이렇게 자신을 사랑한다면 단언컨대 행복하지 않은 날보다 행복한 날이 더 많을 것이다. 이처럼 '나'에 대한 간단한 투자로 매일 행복한 하루를 만들 수 있다.

사라 코너
말고
마크 와트니처럼
살기

병원에 근무하면서 다양한 정신 질환을 가진 사람들을 만났지만 그중 가장 관심이 갔던 질환은 강박증이었다. 강박증은 본인의 의지와 무관하게 어떤 생각이나 장면이 떠올라 불안해지고, 그 불안을 없애기 위해 어떤 행동을 반복하는 질환이다. 가장 흔한 증상이 확인하기다. 예를 들어 요리를 하고 가스 밸브를 잠그지 않아 집에 불이 날지도 모른다는 불안감에 수차례 가스 불을 확인한다거나, 물건을 만지면서 손에 세균이 묻어 병에 걸리지 않을까 하는 불안감에 손 씻는 행위를 반복하는 경우를 들 수 있다. 물론 한 번이면 족한 확인 작업을 수도 없이 반복하는 것이 강박증 증상임을 알고 있지만 나도 모르게 답답한 마음이 드는 것이 사실이다. 더욱 안타까운 사실은 그들도 자신의 행동이 비합리적이라는 사실을 충분히 알고 있다는 것이다.

그들은 마치 〈터미네이터〉에 나오는 사라 코너처럼 미래에 발생할지 모를 재앙으로부터 자기 삶을 구하기 위해 현재를 살아가는 것처럼 보인다. 물론 다른 사람들이 사라 코너의 말을 들으면 말도 안 되는 소리라고 하겠지만, 정작 자신에게는 생과 사가 달린 중요한 문제다. 그런 문제를 두고 다른 일에 집중한다는 것은 사실상 불가능하다.

정도의 차이는 있지만 우리는 대부분 미래에 대한 불안을 안고 살아간다. 또한 불안을 감소시키기 위해 갖은 노력을 하느라 정작 현재를 잃어버리는 경우가 많다. 미래에 대한 불안에서 벗어나는 방법은 여러 가지가 있지만, 그중 하나는 불안해하는 상황에 나 자신을 노출시키는 것이다. 예를 들어 투자 실패 사실을 가족이 알게 된다면 그들로부터 버림받을 것이라고 생각한다고 치자. 그런 두려움 때문에 말도 못하고 혼자서 전전긍긍하고 있다면 가족에게 투자 실패를 알려야 한다. 그래야 불안과 두려움에서 벗어날 수 있다. 물론 당장이야 가족이 큰 충격을 받고 나를 비난할 수 있겠지만, 놀라고 화난 마음을 추스리고 나면 대부분은 함께 문제를 해결하기 위해 노력할 것이다. 우리가 생각하는 최악의 상황은 거의 일어나지 않는다. 내가 불안하고 두려웠던 상황에 나를 노출시킴으로서, 예상이 틀렸다는 것을 확인하고 나면 더 이상 두려워할 필요가 없다.

또 다른 방법은 '생각은 사실이 아니다'는 말을 기억하는 것이다. 많은 사람이 어떤 문제에 대해 걱정하면서, 실제로 그것이 일어난 것처럼 행동한다. 하지만 우리가 살아가면서 걱정하는 것의 90퍼센트는 실제로 일어나지 않는다. 또한 우리가 아무리 걱정한다고 해도 일어날 일은 일어나게 되어 있다.

물론 걱정이라는 감정도 우리 삶에 필요한 일부분이며 어떤 경우에는 도움이 되기도 한다. 하지만 걱정만 하고 있어서는 어떤 문제도 해결할 수 없다. 걱정을 해야 문제 해결에 대한 동기가 생기지만 문제를 해결하기로 마음먹은 이후에는 우리가 할 수 있는 것에 집중해야 한다. 만약 걱정해도 소용없는 일이라면, 그 생각에 사로잡혀 있기보다는 기꺼이 수용하는 자세를 가져야 한다.

혹시 돈을 잃어서 걱정인가? 누구나 자신만의 속도가 있다. 내가 아무리 빨리 가고 싶어도 신호등이 빨간불로 바뀌면 멈춰야 하는 게 인생이다. 맷 데이먼이 주연을 맡은 〈마션〉이라는 영화가 있다. 화성을 탐사하던 중 모래폭풍을 만나게 되는데, 팀장은 팀원이었던 마크 와트니가 사망했다고 판단하고 나머지 팀원들과 지구로 복귀한다. 하지만 다들 죽었다고 생각한 마크 와트니는 극적으로 살아남았으며 얼마 남지 않은 식량과 함께 혼자서 화성에 남겨진다. 그는 생존 가능성이 희박한 절망적인 상황에서도 삶을 포기하지 않고 결국 지구로 돌아오게 된다. 이 영화에서 가장 인상 깊었던 대사는 "우선 하나의 문제를 해결하고 다른 문제를 해결하고 또 다음 문제를 해결하고 나면, 너는 문제들을 충분히 해결하게 되고 드디어 집에 갈 수 있을 거야"였다. 마크 와트니는 수천만 킬로미터 떨어진 머나먼 우주에서 지구로 돌아올 수 있는 확률을 계산하며 절망하기보다 눈앞의 문제에 집중하며 할 수 있는 것을 하다 보니 집에 돌아온 것이다. 우리 역시 마찬가지다. 당장의 손실에 눈앞이 캄캄하고 절망적일 수 있다. 잃어버린 돈을 어떻게 만회해야 할지 막막할 수 있지만 기억하자. 멈춰 서 있지 않고 조금 느리지만 꾸준히 움직인다면 언젠가는 목적지에 다다르게 되어 있다. 그러니 너무 조급하게 생각하지 말자. 현재 내가 할 수 있는 것에 집중하다 보면 우리는 반드시 행복에 이를 것이다.

후회 없는
선택하기

우리는 늘 선택의 문제에 직면한다. 출근 시간에 늦지 않기 위해 택시를 탈지, 다른 사람들은 월급 이외의 수익을 위해 재테크를 한다는데 나도 뭔가에 투자해야 하는 건 아닌지 등등 선택의 순간은 수도 없이 이어진다. 하지만 시간이 지나면 이내 자신의 선택이 최선이 아니었음을 확인하고, '그때 그렇게 하지 말았어야 했는데'라며 후회한다. 투자하는 사람은 돈을 잃으면 자신의 잘못된 선택에 대해 후회하고, 수익이 나더라도 조금 더 기다렸으면 더 높은 수익을 올릴 수 있었을 것이라며 자책한다. 이러한 선택의 문제에 예외는 없다. 나이가 많든 적든, 남자든 여자든, 무슨 일을 하는지 선택의 문제에서 벗어날 수 없다.

과거의 선택에 대한 후회와 자책에서 벗어나기 위해 우리가 할 수 있는 것은 무엇일까?

먼저 선택의 결과에 대해 생각해보아야 한다. 우리의 일상을 떠올려 보면 인생을 송두리째 변화시킬 중요한 선택의 순간은 흔치 않다. 어떤 것을 선택하든지 별 상관이 없는 일이 대부분이다. 점심 메뉴, 주말에 볼 영화 고르기 등 너무나도 사소한 것이다. 만약 오늘 먹고 싶었던 메뉴가 두 가지라면, 하나는 오늘 먹고, 다른 하나는 내일 먹어도 된다. 이처럼 어떤 것을 선택하든지 문제가 되지 않는 것은 그냥 마음 가는 대로 하자. 정해진 시간 안에 주어진 문제를 풀어야 하는 시험을 예로 생각해보면 이유를 쉽게 납득할 수 있다. 쉬운 문제에 시간을 다 써버리면 정작 어려운 문제는 읽어보지도 못하고 형편없는 성적표를 받을 수밖에 없다. 고득점의 비결은 쉬운 문제는 빨리 풀고 어려운 문제에 더 많은 노력을 기울이는 것이다. 그러니 사소한 문제에 너무 오랫동안 고민하지 않도록 하자.

선택의 또 다른 문제는 공급과잉으로 인한 것이다. 요즘은 모든 것이 차고 넘친다. 어떤 상품이든 종류가 헤아릴 수 없이 많다. 가까운 마트에만 가보더라도 수없이 다양하고 많은 제품이 진열되어 있다. 이처럼 선택의 기회가 증가한 것이 얼핏 좋아 보이지만 결과적으로는 그렇지 않다. 실제 미국의 사회심리학자 배리 슈워츠Barry Schwartz는 다양한 실험을 통해 인간의 선택 심리에 대해 연구했는데, 그 결과 선택의 자유가 더 많아지면 만족도는 줄어드는 현상을 발견했다. 이를 '선택의 역설paradox of choice'이라고 한다. 사람들은 어떤 선택을 한 다음 자신이 포기한 것에 대한 기회비용을 생각하는데, 이러한 과정에서 불만족감과 후회가 생긴다.

코인 투자를 예로 들어보자. 수십 퍼센트의 수익을 낸 사람도 만족하는 경우가 드물다. 자기가 선택하지 않은 것을 생각하기 때문이다. 다른 코인에 투자했더라면 그것보다 더 많은 수익을 올릴 수 있었으리라 생각하며 자신의 선택에 아쉬움을 드러낸다. 수백 퍼센트의 수익률을 달성한 경우에는 더 많은 돈을 투자했다면 더 큰 돈을 벌 수 있었을 거라고 생각한다. 그러니 수익을 냈는데도 왠지 손해 본 듯한 착각에 빠진다.

이 문제를 해결하는 방법은 생각보다 간단하다. 자신이 어떤 것을 선택하기 위해 포기한 것과 내가 선택한 것을 비교하지 않는 것이다. 비교는 선택하기 전에 이미 이루어졌으며, 선택 이후의 비교는 아쉬움과 후회만 남길 뿐이다. 예전에도 중국집 메뉴판에 수많은 음식이 적혀 있었지만 우리가 먹을 수 있었던 것은 자장면 아니면 짬뽕뿐이었다. 탕수육이나 양장피에는 눈길도 주지 않았다. 그래서 선택하기 쉬웠고 언제나 만족스러웠다. 하지만 지금은 그렇지 않다. 자장면에 탕수육, 군만두까지 포함된 세트를 시키고도 메뉴판에서 눈을 떼지 못한다. 세트 메뉴를 선택하면서 포기한 깐풍기, 크림새우와 비교하며 자신의 선택을 후회한다.

후회 없는 선택이란 것이 있을까? 한 번도 자신의 선택을 후회하지 않았다는 사람을 본 적 없다. 어찌 보면 너무나 당연한 일이다. 과거에 대한 후회에서 벗어나는 방법은 자신의 선택에 최선을 다하는 것뿐이다. 그래야 과거에 대한 후회보다는 현재에 대한 만족의 크기를 늘릴 수 있다.

'지금-여기'
행복이
있다

'**현**재'는 과거에 미래였으며 시간이 지나면 '과거'가 된다. 시간은 늘 흐르기 때문이다. 현재는 우리가 영향을 미칠 수 있는 유일한 시점이며, 그런 이유로 우리는 현재에 온전히 집중해야 행복을 느낄 수 있다.

하지만 현재에 온전히 집중한다는 것은 쉬운 일이 아니다. 아무리 과거에 대한 후회와 미래에 대한 걱정에서 벗어나려고 발버둥쳐도, 어느 순간 우리는 과거와 미래 사이의 한 지점에 놓여 있는 자신을 발견한다. 물론 때로는 자기 삶을 되돌아보는 시간도 필요하다. 그래야 자신이 원하는 삶이 무엇인지 알 수 있다. 그리고 보다 나은 삶을 위해 미래를 계획해야 한다. 문제는 과거에 대한 후회와 미래에 대한 걱정으로 현재를 제대로 살지 못하는 데 있다.

최신 심리치료 기법인 수용전념치료에서는 '지금-여기'에 머무를 수 있는 방법으로 두 가지를 말하고 있다.

하나는 '알아차림'이다. 알아차림이란 나의 마음속에서 어떤 생각과 감정이 일어나고 있는지 알아차리는 것이다. 나는 상실의 강을 건너는 동안 내면을 수도 없이 들여다봤다. 처음에는 감정과 생각의 소용돌이에 휘말려 정신을 차릴 수 없었지만, 시간이 지나면서 감정의 소용돌이에서 헤매고 있는 나를 발견했다. 나의 마음을 관찰하는 사람처럼, 한 발자국 떨어져 나를 볼 때 감정이 전하고자 하는 메시지를 알아차릴 수 있었다. 예를 들어 손실에 대한 분노의 순간에는 그 감정에 휘말려 세상을 원망했지만, 한 발자국 떨어져서 보니 그 분노는 '돌이킬 수 없는 상황'이라는 인식에서 비롯되었음을 알게 되었다. 받아들이고 싶지 않은 손실을 인정하고 나자 분노라는 감정에서 벗어날 수 있었다. 이처럼 내가 과거에 대한 후회와 미래에 대한 걱정에 붙들려 있다는 사실을 알아차리는 것은 현재로 돌아올 수 있는 중요한 열쇠가 된다.

현재에 머무를 수 있는 다른 방법은 과도한 판단이나 평가 없이 현재 일어나고 있는 일을 명명하고 기술하는 것이다. 예를 들어 오늘 친구를 만나서 영화를 보기로 했다고 치자. 그런데 약속 시간에 맞추기 위해 택시를 탔는데 그날따라 교통사고 때문에 도로가 막혀 늦고 말았다. 보고 싶었던 영화는 매진이라서, 다른 영화를 봐야 한다. 이런 상황에서 우리는 '되는 일이 없는 재수 없는 날'이라고 자신이 처한 상황을 명명할 수 있다. 그런데 이것이 사실일까? 교통사고로 조금 늦었을 뿐이지 무사히 친구를 만났으며, 계획과는 조금 달라졌지만 친구와 영화를 보게 되었다. '되는 일이 없는 재수 없는 날'과 '계획이 조금 달라졌지만 친구와 영화를 본 날' 중 어떤 묘사가 정확한가? 물론 개인적인 판단이기 때문에 선택은 자유다. 하지만 '재수 없는 날'을 선택할 경우, 우리는 택시를 탄 자신의 선택에 대한 후회와 자책으로 과거에 붙들려 있을 가능성이 크다. 그러니 고생을 사서 할 필요는 없다. 대부분의 후회와 걱정은 지나친 판단과 평가에서 비롯되는 경우가 많다는 점을 기억하자.

우리는 언제나 '지금-여기'에 있다. 행복 또한 마찬가지다. 내가 느끼고 있는 감정과 생각을 알아차리고, 불필요한 후회와 걱정으로부터 자유로워질 수 있는 방법을 익힌다면 우리는 지금보다 더 행복해질 수 있다.

당신의
행복 치트키는
누구인가?

'**관**계'는 혼자만으로 성립하지 않는다. 나 이외의 타자가 반드시 필요하다. 관계에 투자하기 위해서는 누구와 함께할 것인지 먼저 정해야 한다. 우리는 태어나서 지금까지 수많은 사람들과 관계를 맺으며 살아왔다. 어떤 이들은 잠깐의 만남을 뒤로하고 기억 저편으로 사라져갔지만 어떤 이들은 오랜 기간 '가족', '친구', '연인', '동료'라는 이름으로 우리와 함께하고 있다.

《행복은 전염된다Connected》의 저자인 하버드대학교의 사회학자 니컬러스 크리스태키스Nicholas Christakis와 정치학자인 제임스 파울러James Fowler는 내가 관계를 맺고 있는 이들의 영향력에 대해 역설하고 있다. 한마디로 행복한 삶을 살고 싶다면 행복한 사람과 함께하는 시간을 늘리면 된다는 것이다. 연구 결과 행복의 확산 효과는 매우 분명했다. '친구'가 행복할 경우 당사자가 행복할 확률은 15퍼센트 상승했으며, '친구의 친구'가 행복할 경우에는 10퍼센트, '친구의 친구의 친구'가 행복할 경우 6퍼센트의 행복 확산 효과가 있었다. 따라서 우리는 행복해지기 위해서는 행복한 사람과 함께하는 시간에 투자해야 한다는 결론에 이르게 된다.

하지만 누구와 함께 시간을 보낼지 결정하는 것은 쉽지 않다. 먼저 늘 우리와 함께하는 가족을 생각해보자. '가족'은 나의 선택과는 무관하게 세상에 존재하는 순간부터 결정된 관계다. 가족은 누군가에게는 강력한 보호 요인이며 세상을 살아가는 데 없어서는 안 될 존재다. 험한 세상을 살아가다 몸과 마음이 지치면 언제든지 찾아가 쉴 수 있는 안전 기지secure base가 바로 가족이다. 그러나 어떤 사람들은 반대로 가족과 함께 있으면 괴로움을 느끼고, 가족이라는 굴레에서 벗어나기 위해 안간힘을 쓰기도 한다. 물론 괴로움의 원인이 원만하게 해결되어 관계가 회복되면 좋겠지만, 오랜 시간 형성된 갈등을 풀어내는 것은 엉망으로 엉켜버린 실타래를 푸는 것만큼이나 어려운 일이다. 또한 오랫동안 갈등을 겪으면서 나름대로 평화를 유지하기 위한 심리적 휴전 상태에 있는 경우, 섣부른 종전 선언은 또다시 전쟁으로 이어질 수도 있다.

이런 경우에는 가족이 아닌 다른 대상과의 관계에 조금 더 집중해야 한다. 다행히 가족이 아닌 누구라도 우리를 시련과 역경에서 벗어나게 해줄 수 있는 안전 기지 역할을 할 수 있다. 심리학자 에너미 워너는 하와이 카우아이 섬 종단 연구에서, 열악하고 불우한 환경에서도 자신의 삶을 성공적으로 살아내는 아이들을 보고 회복 탄력성을 연구했다. 그녀는 오랜 기간 연구를 수행하면서 한 가지 결론에 이르게 된다. 바로 그들이 역경을 딛고 행복하게 살 수 있는 이유가 자신을 이해하고 지지해주는 사람이 있다는 것이었다. 그 사람이 가족이 아니더라도 상관없었다. 가족이 없다면 선생님이라도, 선생님이 아니라면 친구라도. 그 사람을 믿고 지지해주는 한 사람만 있으면 역경을 딛고 행복한 삶을 살 수 있다는 것이다.

가족은 선택할 수 없지만 친구, 직장 동료, 연인 등은 얼마든지 선택할 수 있다. 행복해지려면 당신을 이해하고 지지해주는 사람과 함께해야 한다. 그래야 다시 세상을 걷다 구덩이에 빠졌을 때 그들의 신뢰와 이해를 딛고 빠져나올 수 있다. 관계에서 중요한 것은 양보다 질이다. 당신이 아무리 많은 관계를 맺고 있어도 관계의 총합이 불행이라면 불행의 영향을 받는다. 회복 탄력성 연구에서도 보았듯이, 단 한 명일지라도 충분히 당신을 행복하게 해줄 수 있다.

당신 주변에 행복한 사람이 아무도 없을지라도 상심할 필요는 없다. 바로 행복은 전염되기 때문이다. 누구와 함께 있든 행복할 수 있는 방법은 바로 내가 행복한 사람이 되면 된다. 나에게 의미 있고 가치 있는 일이 무엇인지, 무엇이 심장이 뛰도록 만들고 마음을 끌어당기는지 알고, 그것을 꾸준히 추구해나가는 삶을 산다면 어느새 행복해져 있을 것이다. 그런 나의 삶이 주변에 있는 이들의 행복에 영향을 미치고, 그들의 행복은 또다시 나에게 행복을 감염시킬 것이다.

의미와
재미를
더하면
'이미' 행복

모든 사람에게 공평하게 주어지는 유일한 것이 시간이다. 이 시간을 우리는 행복과 불행으로 채워나가고 있으며 그 총합이 바로 인생이다. 행복에 대한 투자는 결국 시간을 어떻게 쓰느냐에 따라서 성패가 좌우된다. 아무리 오랜 시간을 '행복한 사람' 옆에 있더라도, 그 시간이 의미와 재미로 채워지지 않으면 그저 그런 기억이 되어 망각의 저편으로 사라진다. 그렇기 때문에 행복으로 기록될 수 있는 순간은 바로 의미와 재미가 해시태그처럼 붙어 있어야 한다. 그 순간을 떠올리면 바로 검색이 되고, 그렇게 자꾸

상위 검색어에 이름을 올릴수록 장기 기억에 남아 우리의 삶을 행복으로 물들일 수 있다.

의미와 재미를 느낄 수 있는 활동들은 매우 다양하다. 함께 서로의 관심사를 나누고, 운동을 하고, 맛있는 것을 먹고, 산책을 할 수도 있다. 좀 더 시간을 낸다면 함께 여행을 떠나는 것도 좋은 방법이다.

물론 단순히 이런 활동을 하는 것만으로는 행복해질 수 없다. 만약 당신이 몇 년 만에 만난 친구들과 캠핑장에 있다고 생각해보자. 텐트를 치고 주린 배를 채우기 위해 고기를 굽고, 시원한 맥주 한 잔을 하면서 이야기를 나눈다. 밤이 되면 모닥불 주변에 둘러앉아 옛 추억을 이야기하며 웃음꽃을 피운다. 틀림없이 행복할 것이다. 하지만 만나면서 헤어지는 순간까지 서로 이야기를 나눌 수 없다고 한다면 과연 행복할 수 있겠는가? 아마 그렇지 못할 것이다. 그 이유는 의미와 재미가 빠져 있기 때문이다. 우리는 오랫동안 만나지 못했던 친구를 만나면 그동안 느꼈던 그리움을 나누고, 만남의 순간에 대한 기쁨을 표현할 것이다. 각자 살아온 날들을 이야기하고 울고 웃으며 위로와 격려, 즐거움과 공감의 감정을 나눈다. 헤어지는 순간에는 더 긴 시간을 함께하지 못하는 것에 대한 아쉬움과 다시 만날 날을 기약할 것이다. 이처럼 우리는 저마다의 감정을 나누고 이를 통해 의미와 재미를 찾아간다. 이렇게 공유된 시간은 우리에게 행복이라는 수익을 안겨준다.

어떤 이들은 행복은 즐겁고 기쁜 순간에만 느낄 수 있다고 생각한다. 하지만 우리는 종종 괴롭고 슬픈 순간에도 행복을 느끼기도 한다. 나 역시 이번 경험을 돌이켜보니 무척 괴롭고 힘겨웠지만 분명 행복한 순간이 있었다. 내 얘기를 들어주며 나 자신도 그런 경험이 있었노라고, 시간이 지나면 괜찮아지더라는 위로의 말을 건네주는 이들과 함께할 때, 잘 이겨낼 수 있으리라는 진심 어린 응원과 격려의 말을 마주할 때가 바로 그랬다. 행복은 괴로움의 풍랑에서 벗어나 잔잔한 바다 한가운데 있을 때, 그리고 저 멀리 배를 정박하고 편히 쉴 수 있는 곳을 발견했을 때 느끼는 감정이기도 하다. 그러니 누군가 삶의 위기, 역경으로 힘겨워할 때 나를 위로하듯 누군가를 위로할 수 있었으면 좋겠다.

우리는 누군가와 함께하는 동안 의미와 재미를 더하고, 괴로움을 줄이는 행동을 통해 행복을 추구할 수 있다. 아무리 재미있는 활동을 한다고 해도 해결되지 않는 괴로움이 마음에 자리 잡고 있다면 행복해지기 어렵다. 그래서 우리는 누군가의 마음을 진심으로 들어주고, 공감하고 위로하는 방법도 알아야 한다. 그래야 누군가 나를 위로할 때 위로받을 수 있고, 위로가 필요한 이에게 위로의 말을 건넬 수 있다.

손실이
종결되다

예전에 읽었던 《아무것도 하지 않는 시간의 힘》이란 책에 이런 내용이 나온다. 한 사업가가 휴양지로 가서 휴가를 즐기는데, 어떤 어부가 한가롭게 그늘에서 잠을 자고 있었다. 사업가는 남들 다 일할 시간에 낮잠이나 자는 어부가 한심하게 보였다. 그의 눈에는 사업을 해서 돈을 벌 수 있는 기회가 보였기 때문이다. 한가롭게 쉬면서 하루에 한 번만 조업을 나갈 것이 아니라, 세 번 나가면 수입이 늘어날 게 분명했다. 자금이 모이면 지금 몰고 있는 작은 보트가 아니라 어선을 살 수 있으며, 큰 어선으로 조업을 나가면 수입은 더욱 늘어날 것이다. 그럼 어군탐지기를 단 선단을 꾸려 물고기를 더욱 많이 잡을 수 있다. 그러면 통조림 공장을 세워 판로를 개척하고 금방 부자가 될 수 있지 않겠느냐고 사업가는 어부에게 조언했다. 어부는 사업가의 설명을 잠자코 듣고 있다가 "그렇게 해서 부자가 되면 뭐 하려고 하느냐"고 물었다. 사업가는 어부의 질문에 "그럼 이런 날 그늘에 누워서 편하게 쉴 수 있지 않겠느냐"고 대답했다. 어부는 어이없다는 표현으로 "내가 지금 그러고 있지 않소"라고 대답했다.

가끔 만약 내가 돈을 잃지 않고 수십 억 원의 수익을 얻었다면 어떤 삶을 살고 있을까 하고 상상해본다. 언젠가부터 사람들이 추구하는 '경제적 자유'를 얻으면 나의 삶은 어떻게 달라질까.

사실인지 알 수 없지만, 비트코인 투자로 수백 억 원의 수익을 낸 사람의 이야기를 들은 적이 있다. 그는 더 이상 회사 생활의 필요성을 느끼지 못하고 동료들에게 작별 인사를 하고 회사를 떠났다고 한다. 생계를 위한 경제활동을 할 필요가 없게 된 것이다. 그는 우리가 말하는 경제적 자유인이 되었다. 남겨진 이들은 떠나는 그를 보며 뭔가 모를 허무함과 상대적 빈곤을 경험했을지 모른다. 그리고 그가 그렇게 많은 돈을 어떻게 썼을지 궁금할 것이다. 분명한 것은 그의 삶의 질이 이전보다 나아졌을 것이라는 사실이다. 돈이 많으면 더 좋은 환경으로 이사를 갈 것이고, 더 값비싸고 좋은 물건을 사용할 것이다. 또 하고 싶은 것을 망설이지 않고 할 수 있게 된다. 하지만 삶의 질이 좋아져도 삶의 모습은 크게 달라지지 않는다. 아무리 돈이 많은 사람도 날마다 먹고 놀 수는 없다. 일을 하고 밥을 먹고 아이를 키우고 사람들을 만나야 한다. 결국 어느 정도의 소득 수준에 이르면 삶에서 만나는 문제는 누구나 비슷하다.

결국 행복한 삶을 추구하는 데, 돈보다 중요한 것은 일상을 얼마나 의미와 재미로 채울 수 있느냐에 달려 있다. 따라서 내 삶의 의미와 재미가 무엇인지 분명히 알고 그것을 추구할 수 있으면 좋겠다. 여기에 더해 적당한 금전적 여유와 풍요로운 마음의 여유가 있다면 충분하지 않을까 싶다.

마침내 나의 손실이 종결되었다. 아주 먼 길을 돌아온 기분이다. 산을 오르다 길을 잃고 한참 동안 헤매다가 결국 돌아온 곳이 제자리처럼 느껴진다. 하지만 시간을 잃어버렸다는 상실감보다 다시 내 삶을 찾았다는 안도감이 더 크게 다가온다. 내가 그랬던 것처럼 당신도 힘겨운 시간을 보내게 될지 모른다. 그 과정에서 마주친 무수한 순간이 무자비하게 당신을 한계까지 몰아붙일 것이다. 하지만 우리는 생각보다 강하다. 한계라고 생각했던 순간은 시간이 지나면 나이테처럼 성장의 흔적이 되어 있을 것이라고 확신한다. 이제 다시 시작해보자. 삶은 아직 남아 있으며 행복을 만회할 기회는 얼마든지 있다.

당신을 일상으로 이어줄 손실의 심리학

심리학자가 투자 실패로 한강 가기 직전 깨달은
손실로부터의 자유

1판 1쇄 인쇄 2022년 1월 28일
1판 1쇄 발행 2022년 2월 18일

지은이 김형준

발행인 신수경
디자인 디자인 봄에 | **마케팅** 용상철 | **제작** 도담프린팅
본문 일러스트 ⓒ 게티이미지뱅크
발행처 드림셀러
등록 2021년 6월 2일(제2021-000048호)
주소 서울 관악구 남부순환로 1808, 615호 (우편번호 08787)
전화 02-878-6661 | **팩스** 0303-3444-6665
이메일 dreamseller73@naver.com | **인스타그램** dreamseller_book

ISBN 979-11-976766-0-4 (03180)